从大历史观与世界视野中深刻认识中国式现代化
用创新实践和高质量发展奋力推进民族复兴伟业

中国式现代化面面观

张逊 著

阐述3个阶段6个时期，全景勾勒中国式现代化的历史全景
辨析4个流派两大悖论，扬弃西方现代化理论及其模式
明晰5个鲜明特征，展现中国式现代化崭新境界
坚持5个重要原则，推动中国式现代化行稳致远
明确3个目标任务，以中国式现代化推进中华民族伟大复兴

新华出版社

图书在版编目(CIP)数据

中国式现代化面面观 / 张逊著. —北京：
新华出版社，2023.12
ISBN 978-7-5166-7278-5

Ⅰ. ①中… Ⅱ. ①张… Ⅲ. ①现代化建设－研究－中国 Ⅳ. ①D61

中国国家版本馆 CIP 数据核字(2023)第 254256 号

中国式现代化面面观

作　　者：张　逊

责任编辑：赵怀志　　　　　　　　封面设计：云　畅

出版发行：新华出版社
地　　址：北京石景山区京原路 8 号　　邮　　编：100040
网　　址：www.xinhuapub.com
经　　销：新华书店、新华出版社天猫旗舰店、京东旗舰店及各大网店
购书热线：010－63077122　　中国新闻书店购书热线：010－63072012

照　　排：三河市腾飞印务有限公司
印　　刷：三河市腾飞印务有限公司
成品尺寸：170mm×240mm
印　　张：15　　　　　　　　　　字　　数：170 千字
版　　次：2024 年 3 月第一版　　　印　　次：2024 年 3 月第一次印刷
书　　号：ISBN 978-7-5166-7278-5
定　　价：58.00 元

版权专有，侵权必究。如有质量问题，请与出版社联系调换：010－63077101

目录
CONTENTS

绪论 以中国式现代化全面推进中华民族伟大复兴

一、以中国式现代化全面推进中华民族伟大复兴凸显了中国共产党人的历史主动精神 / 1

二、中国式现代化是符合人类社会发展规律、社会主义建设规律和共产党执政规律的现代化 / 4

三、中国式现代化使中华民族伟大复兴进入了不可逆转的历史进程 / 8

四、中国式现代化拓宽了发展中国家走向现代化的途径 / 11

第一章 现代化的先验性与经验性

第一节 西方现代化理论及其扬弃 / 16
一、现代化理论的发展 / 17
二、现代化理论产生的背景 / 17
三、经典现代化理论的主要流派 / 19

四、对西方经典现代化理论的扬弃与超越 / 22

第二节 "普世"现代化模式的先验性悖论 / 24
一、西方现代化模式的时间先在性 / 24
二、现代化的逻辑先在性 / 35
三、西方现代化模式的时间先在性不等于逻辑先在性 / 42

第三节 中国式现代化的理论内涵 / 47
一、领导力量和建设主体 / 48
二、指导思想和基本原则 / 52
三、基本国情和优秀传统文化 / 57
四、维护广大人民群众的根本利益 / 61
五、"五位一体"的文明建设 / 63

第二章 中国式现代化的历史全景

第一节 中华民族现代化的探索阶段 / 68
一、兵工洋务时期 / 69
二、政经西化时期 / 76
三、权威危机与重建时期 / 79

第二节 中国式现代化阶段 / 82
一、社会主义革命和建设时期 / 82
二、改革开放和社会主义现代化建设时期 / 85
三、中国特色社会主义新时代 / 89

目 录

第三章 中国式现代化的五大特征

第一节 人口规模巨大的现代化 / 100

　　一、人口规模与现代化发展的一般关系 / 100

　　二、巨大的人口规模制约中国式现代化的道路选择
　　　　与战略规划 / 104

　　三、巨大人口规模给中国式现代化带来的"乘数效应"
　　　　和"除数效应" / 108

第二节 全体人民共同富裕的现代化 / 110

　　一、全体人民共同富裕是中华优秀传统文化的题中之义 / 111

　　二、全体人民共同富裕是社会主义的本质要求
　　　　和马克思主义的价值旨归 / 113

　　三、全体人民共同富裕是中国共产党人的价值追求 / 116

　　四、全体人民共同富裕是跳出历史周期率的关键一招 / 118

　　五、全体人民共同富裕应是全社会各阶层的共同奋斗目标 / 121

第三节 物质文明和精神文明相协调的现代化 / 124

第四节 人与自然和谐共生的现代化 / 129

　　一、人与自然和谐共生是中华优秀传统文化中生态文明
　　　　基因的当代表达 / 130

　　二、人与自然和谐共生是马克思主义理论和推进社会主义
　　　　建设的重要内容 / 132

三、人与自然和谐共生是中国共产党和中国人民的
　　伟大抉择 / 137

四、人与自然和谐共生是人类发展的共同需求 / 143

第五节　走和平发展道路的现代化 / 145
  一、中华民族自古以来就是热爱和平的民族 / 145
  二、近代百年屈辱历史让中国人民坚定选择和平发展道路 / 147
  三、中国共产党构建了新中国的和平发展道路 / 149

第四章　推进中国式现代化的重大原则

第一节　坚持和加强党的全面领导 / 155
  一、党的全面领导是中国式现代化的政治保证 / 156
  二、党的全面领导凝聚起中国式现代化建设的磅礴力量 / 158
  三、把党的领导落实到党和国家事业的各领域
　　各方面各环节 / 161

第二节　坚持中国特色社会主义道路 / 163
  一、中国式现代化是社会主义现代化 / 164
  二、中国式现代化是中国特色的现代化 / 166
  三、中国式现代化不走老路和邪路 / 169

第三节　坚持以人民为中心的发展思想 / 171
  一、中国式现代化是坚持人民立场的现代化 / 172
  二、中国式现代化是充分发挥人民主体性的现代化 / 174
  三、中国式现代化是人民共享发展成果的现代化 / 177

目 录

第四节　坚持深化改革开放 / 180

　　一、中国式现代化的推进要求全面深化改革 / 180

　　二、中国式现代化需要高水平的对外开放 / 182

　　三、在改革开放中加快构建新发展格局 / 185

第五节　坚持发扬斗争精神 / 188

　　一、坚持敢于斗争是党百年奋斗的宝贵历史经验 / 188

　　二、推进中国式现代化必须敢于斗争 / 190

　　三、推进中国式现代化必须善于斗争 / 193

第五章　中国式现代化的目标任务

第一节　实现第二个百年奋斗目标 / 198

　　一、实现中华民族伟大复兴是全体中华儿女的共同心愿 / 199

　　二、全面建成社会主义现代化强国的战略安排 / 202

　　三、做好应对各种风险挑战的准备 / 207

第二节　建设中华民族现代文明 / 209

　　一、新时代的文化使命 / 209

　　二、把握中华文明五大特性 / 211

　　三、"第二个结合"是建设中华民族现代文明的必由之路 / 217

第三节　构建人类命运共同体 / 221

　　一、构建人类命运共同体的五项基本准则 / 221

　　二、构建人类命运共同体的四项承诺 / 226

绪　论

以中国式现代化全面推进中华民族伟大复兴

　　以中国式现代化全面推进中华民族伟大复兴是我们党基于共产党执政规律、社会主义建设规律和人类社会发展规律提出的重大战略。该战略兼具中华文明和人类文明双重视角，充分体现了中国共产党人的历史主动精神。在新中国成立特别是改革开放以来长期探索和实践基础上，经过党的十八大以来在理论和实践上的创新突破，中国共产党成功推进和拓展了中国式现代化，使中华民族伟大复兴进入了不可逆转的历史进程。中国式现代化突破了现代化等于"西方化"的意识形态迷雾，以其原创性丰富了人类社会现代化的内涵，创造了人类文明新形态，拓宽了发展中国家走向现代化的途径。

一、以中国式现代化全面推进中华民族伟大复兴凸显了中国共产党人的历史主动精神

　　以中国式现代化全面推进中华民族伟大复兴凸显了中国共产党

中国式现代化面面观

人的历史主动精神。古语有云:"以铜为鉴,可正衣冠;以人为鉴,可知得失;以史为鉴,可知兴替。"

中国共产党人的历史主动精神表现为对中华民族封建社会历史周期率的反思和超越。历史周期率是指我国封建社会历代王朝所经历的初建、中兴、衰败及覆灭的周期性历史现象。历史周期率的问题是在1945年黄炎培与毛泽东同志"窑洞对"时提出来的。黄炎培问毛泽东同志,中国共产党能否跳出历史上"其兴也勃,其亡也忽"的历史周期率。毛泽东说:"我们已经找到新路,我们能跳出这周期率。这条新路,就是民主。只有让人民来监督政府,政府才不敢松懈。只有人人起来负责,才不会人亡政息。"①这是中国共产党人对跳出历史周期率问题给出的第一个答案。党的十八大以来,习近平总书记高度重视跳出历史周期率的问题,并在党的十九届六中全会上给出了第二个答案,即自我革命。毛泽东同志基于执政党与人民的关系给出了第一个答案,习近平总书记基于共产党执政规律给出了第二个答案。两者都是马克思主义中国化时代化的重要成果,属于上层建筑的范畴,具有内在的统一性,前者是后者的基础,后者是对前者的深化和发展。唯物史观认为,经济基础决定上层建筑,上层建筑对经济基础有反作用。历史周期率的发生有其经济原因,其经济基础是我国封建社会生产力滞长、社会产品分配失衡,进而引发社会生产资料分配失衡即土地兼并,最终导致社会生产系统和政治体系崩溃。中国式现代化是物质文明和精神文明相协调的现代化,是全体人民共同富裕的现代化。中国式现代化既注重物质文明和精神文明建设,为跳出历史周期率和中华民族伟大复兴奠定物质

---

① 《毛泽东年谱(1893—1949)》(中册),中央文献出版社2013年版,第611页。

文明和精神文明的基础，又强调促进全体人民共同富裕，注重社会财富的均衡分配，防止两极分化，避免因社会产品分配失衡而陷入历史周期率。

中国共产党人的历史主动精神表现为对现代化普遍性与特殊性的把握和应用。习近平总书记在党的十九届五中全会第二次全体会议上指出："世界上既不存在定于一尊的现代化模式，也不存在放之四海而皆准的现代化标准。邓小平同志说过：'我们搞的现代化，是中国式的现代化。我们建设的社会主义，是有中国特色的社会主义。'我们所推进的现代化，既有各国现代化的共同特征，更有基于国情的中国特色。"现代化是人类从传统农业社会向现代工业信息化社会转变的过程和结果，包括政治现代化、经济现代化、文化现代化、社会现代化和个人现代化等五大方面，具有内在的规律性，即普遍性。西方国家通过工业革命，率先迈入现代化的进程，为人类社会转型和发展作出了一定贡献。但是，西方国家将自身的现代化包装为现代化的标准版，即现代化等于"西方化"。宣扬此种观点的现代化理论带有明显的政治陷阱，引诱发展中国家走西方国家的道路，或者制造种种悖论、难题，使发展中国家在现代化过程中举步维艰。新中国成立特别是改革开放以来，中国共产党在深刻把握现代化普遍规律的基础上，总结国际共产主义运动正反两方面经验和我国社会主义建设时期的得失与教训，借鉴发达资本主义国家的现代化经验，结合我国的基本国情，准确把握发展中国家现代化建设的特殊性，既不走封闭僵化的老路，也不走改旗易帜的邪路，成功开创了中国式现代化道路。中国式现代化是中国共产党团结带领全国各族人民，以马克思主义为指导思想，以科学社会主义为基本原则，以中华民族伟大复兴为历史使命，以基本国情和优秀传统文化为出发点，以维护广大人民群众的根本利益为立足点，全面推进物质文明、政治文明、精神文明、社会文明、生态文明协调发展的中国特色社会主义现代化。中国共产党是推进中国式现代化和中华民族伟大复兴的领导力量，新中国70多年来的伟大成就雄辩地证明，中国共产党人牢牢把握住了历史主动精神。

二、中国式现代化是符合人类社会发展规律、社会主义建设规律和共产党执政规律的现代化

习近平总书记在党的二十大报告中明确指出了中国式现代化的五大特征和五大重要原则。中国式现代化是人口规模巨大的现代化，是全体人民共同富裕的现代化，是物质文明和精神文明相协调的现代化，是人与自然和谐共生的现代化，是走和平发展道路的现代化。以中国式现代化全面推进中华民族伟大复兴，必须牢牢把握以下重要原则：坚持和加强党的全面领导，坚持中国特色社会主义道路，坚持以人民为中心的发展思想，坚持深化改革开放，坚持发扬斗争精神。中国式现代化的五大特征和五大重要原则表明，中国式现代化是符合人类社会发展规律、符合社会主义建设规律、符合共产党执政规律的现代化。

中国式现代化是符合人类社会发展规律的现代化。唯物史观揭示了人类社会发展的一般规律，人类社会总体上会经历原始社会、奴隶社会、封建社会、资本主义社会和社会主义社会五大社会形态，而且这种发展一般是由低级向高级不断进步。社会形态的更替规律是从人类社会总体视角分析的结果，而某一地区或国家的社会形态更替不一定是按照这五种社会形态依次更替的。在《给维·

伊·查苏利奇的复信(初稿)》中,马克思曾经提出:"如果说土地公有制是俄国'农村公社'的集体占有制的基础,那么,它的历史环境,即它和资本主义生产同时存在,则为它提供了大规模地进行共同劳动的现成的物质条件。因此,它能够不通过资本主义制度的卡夫丁峡谷,而占有资本主义制度所创造的一切积极的成果。"[①]众所周知,我国长期处于封建社会,并未能够孕育出资本主义的社会形态,此后,在西方列强的炮火之下,沦为半殖民地半封建社会,民族资本主义和民族资产阶级在封建主义和西方列强的双重压迫之下没有得到充足的发展。经过新民主主义革命,中国共产党建立了新中国,为中国式现代化奠定了政治基础。经过社会主义革命,建立了社会主义公有制,为中国式现代化奠定了社会主义经济基础。新中国成立70多年特别是改革开放40多年来,中国式现代化取得了举世瞩目的成就。我国从封建社会进入社会主义社会,符合人类社会从低级向高级发展的一般规律。我国未经历资本主义社会,从封建社会跨越式发展进入社会主义社会符合马克思所指出的个别地区在一般规律支配下发展的特殊性。另外,改革开放以来,我国通过增进与发达国家的经济、政治、科技和文化交流,基本实现了"不通过资本主义制度的卡夫丁峡谷,而占有资本主义制度所创造的一切积极的成果"的目标。中国式现代化体现了人类社会发展普遍性与特殊性的统一,符合人类社会发展规律。

中国式现代化是符合社会主义建设规律的现代化。邓小平同志指出,"社会主义的本质,是解放生产力,发展生产力,消灭剥削,

---

① 《马克思恩格斯文集》(第三卷),人民出版社2009年版,第579-580页。

消除两极分化,最终达到共同富裕。"①社会主义运动史表明,在资本主义制度依然具有强劲动力的时代,社会主义国家现代化的进程必然充满了危机与挑战。 特别是20世纪八九十年代,国际共产主义运动进入低潮,东欧社会主义国家的共产党被迫放弃了执政地位,放弃了社会主义制度,最大的社会主义国家苏联也分崩离析。 彼时,西方资本主义的现代化模式甚嚣尘上,"历史终结论"的迷雾遮天蔽日。 整个世界范围内,充斥着一种"红旗还能打多久"的质疑。 中国共产党人牢牢把握社会主义的本质,以巨大的政治定力和魄力坚定不移地推进改革开放,不断解放和发展生产力,不断推进中国式现代化,以举世瞩目的发展成就雄辩地证明了社会主义制度的优势。 中国共产党尊重人民主体地位,坚持发展为了人民、发展依靠人民、发展成果由人民共享的理念,激发了广大人民群众参与现代化建设的积极性和创造性,凝聚起建设社会主义现代化强国的磅礴力量,使14亿多人口整体迈进现代化社会。 中国共产党坚持物质文明与精神文明协调发展,不断厚植现代化的物质基础,满足人民群众的物质生活需要。 同时,推进中华优秀传统文化的创造性转化和创新性发展,吸收资本主义的优秀文化成果,大力发展社会主义先进文化,创造中华民族现代文明,满足人民群众的精神生活需要。 中国共产党坚持走和平发展道路的现代化。 社会主义的远景是无阶级差别的大同世界,反对战争和霸权主义自然是题中之义。 二战后,和平与发展成为全人类共同的主题,也是全人类的共同愿景。 但少数发达国家却依然坚持路径依赖,兴起无殖民形式的新殖民主义,不断挑起争端,发动代理人战争。 中国共产党领导中

---

① 《邓小平文选》(第三卷),人民出版社1993年版,第373页。

国人民高举和平、发展、合作、共赢旗帜,在坚定维护世界和平与发展中谋求自身发展,又以自身发展更好维护世界和平与发展。

中国式现代化是符合共产党执政规律的现代化。中国共产党坚持以人民为中心的发展思想,始终把最广大人民的根本利益放在首位。《共产党宣言》指出:"共产党人不是同其他工人政党相对立的特殊政党。他们没有任何同整个无产阶级的利益不同的利益。"① 习近平总书记强调:"中国共产党始终代表最广大人民根本利益,与人民休戚与共、生死相依,没有任何自己特殊的利益,从来不代表任何利益集团、任何权势团体、任何特权阶层的利益。"② 中国共产党始终坚持中国特色社会主义道路,坚持以经济建设为中心,坚持四项基本原则,坚持改革开放,坚持独立自主、自力更生,坚持道不变、志不改,坚持把国家和民族发展放在自己力量的基点上,坚持把中国发展进步的命运牢牢掌握在自己手中。相对于其他社会主义国家而言,中国既坚持了发展的主体性,又保持与外部世界的广泛联系,既不走封闭僵化的老路,也不走改旗易帜的邪路。相对于广大发展中国家而言,中国坚持发展的独立性,避免了"中等收入陷阱",实现了民族复兴的伟大跃迁。中国共产党不断加强自身建设,加强执政能力建设,是中国式现代化强有力的领导力量。中国共产党从来不固步自封,勇于面对各种危险——精神懈怠危险、能力不足危险、脱离群众危险、消极腐败危险,坚持全面从严治党,不断加强自身建设,加强执政能力建设,必然能在引领中华民族伟大复兴的道路上立于不败之地。中国共产党摒弃"冷战意识形态"和

---

① 《马克思恩格斯文集》(第二卷),人民出版社 2009 年版,第 44 页。
② 习近平:《在庆祝中国共产党成立 100 周年大会上的讲话》(2021 年 7 月 1 日),《人民日报》2021 年 7 月 2 日。

"后冷战意识形态",努力构建新型大国关系。中国的发展离不开世界,世界的发展需要中国。中国式现代化的巨大成就离不开经济全球化的发展,同时,中国也是经济全球化的建设者、推动者。但是极少数守成大国不断炒作"中国威胁论",千方百计围堵中国,以期遏制中国式现代化的进一步发展。面对风云诡谲的国际环境,中国领导人提出构建新型大国关系,避免陷入"修昔底德陷阱"。习近平总书记指出:"中国共产党是为中国人民谋幸福、为中华民族谋复兴的党,也是为人类谋进步、为世界谋大同的党。"[①]中华优秀传统文化具有包容性、和平性的突出特性,中华民族没有国强必霸的文化基因,中国愿同世界各国一道为人类的和平与发展作出贡献。

三、中国式现代化使中华民族伟大复兴进入了不可逆转的历史进程

新中国成立特别是改革开放以来,中国共产党团结带领全国各族人民开创了中国式现代化道路,仅用几十年的时间就完成了西方发达国家几百年走过的工业化历程,创造了举世瞩目的发展成就,为中华民族伟大复兴提供了坚实的物质和文化基础。党的十八大以来,以习近平同志为核心的党中央坚持以人民为中心的发展思想,统筹推进"五位一体"总体布局、协调推进"四个全面"战略布局,全面建成小康社会、实现第一个百年奋斗目标,凝聚起中华民族伟大复兴的磅礴力量。新时代,我们积极构建新型国际关系,不断推进"一带一路"建设,推动构建人类命运共同体,为中华民族伟大复

[①] 习近平:《高举中国特色社会主义伟大旗帜 为全面建设社会主义现代化国家而团结奋斗》(2022年10月16日),《人民日报》2022年10月26日。

兴提供良好的国际环境。

新中国成立特别是改革开放以来,社会主义建设的伟大成就为中华民族伟大复兴奠定了坚实的物质和文化基础。自鸦片战争以来,中华民族在现代化的道路上探索了100多年,其间各种主义粉墨登场,你方唱罢我登台,尤其是北洋政府时期,军阀混战不仅没能拯救民族于危亡,还让本就处于水深火热之中的广大民众生活更加困苦不堪。十月革命一声炮响,给中国送来了马克思列宁主义。中国共产党应运而生。中国共产党带领全国各族人民进行艰苦卓绝的新民主主义革命,建立了中华人民共和国,开启了中国式现代化的征程,中国人民从此站起来了。社会主义革命和建设为实现中华民族伟大复兴奠定根本政治前提和制度基础。党的十一届三中全会开启了改革开放和社会主义现代化建设新时期,中国共产党带领全国人民继续探索中国建设社会主义的正确道路,解放和发展社会生产力,使人民摆脱贫困、尽快富裕起来,为实现中华民族伟大复兴提供充满新的活力的体制保证和快速发展的物质条件。党的十八大以来,中国特色社会主义进入新时代。党面临的主要任务是,实现第一个百年奋斗目标,开启实现第二个百年奋斗目标新征程,朝着实现中华民族伟大复兴的宏伟目标继续前进。以习近平同志为核心的党中央统筹把握中华民族伟大复兴战略全局和世界百年未有之大变局,强调中国特色社会主义新时代是承前启后、继往开来、在新的历史条件下继续夺取中国特色社会主义伟大胜利的时代,是决胜全面建成小康社会、进而全面建设社会主义现代化强国的时代,是全国各族人民团结奋斗、不断创造美好生活、逐步实现全体人民共同富裕的时代,是全体中华儿女勠力同心、奋力实现中华民族伟大复兴中国梦的时代,是我国不断为人类作出更大贡献的时代。经过

中国式现代化面面观

70多年的不断努力,我国成为世界第二大经济体,世界第一大发展中国家,综合国力、科技实力、国防实力、文化影响力、国际影响力显著提升。我国人民生活由温饱不足到全面小康,整体上彻底摆脱了绝对贫困,成为世界上中等收入人口最多的国家。我国长期保持社会和谐稳定、人民安居乐业,成为国际社会公认的最有安全感的国家之一。70多年社会主义建设的伟大成就为中华民族伟大复兴奠定了坚实的物质和文化基础。

新时代大国外交为中华民族伟大复兴构建良好的国际环境。新时代,中国始终坚持维护世界和平、促进共同发展的外交宗旨,致力于推动构建人类命运共同体。中国坚决反对一切形式的霸权主义和强权政治,反对冷战思维,反对干涉别国内政,反对搞双重标准。中国坚持在和平共处五项原则的基础上同各国发展友好合作,推动构建新型国际关系,深化拓展平等、开放、合作的全球伙伴关系,致力于扩大同各国利益的汇合点。促进大国协调和良性互动,推动构建和平共处、总体稳定、均衡发展的大国关系格局。中国坚持对外开放的基本国策,坚定奉行互利共赢的开放战略,不断以中国新发展为世界提供新机遇,推动建设开放型世界经济,更好惠及各国人民。中国积极参与全球治理体系改革与建设,践行共商共建共享的全球治理观,坚持真正的多边主义,推进国际关系民主化,推动全球治理朝着更加公正合理的方向发展。中国积极呼吁世界各国弘扬和平、发展、公平、正义、民主、自由的全人类共同价值,促进各国人民相知相亲,尊重世界文明多样性,以文明交流超越文明隔阂、文明互鉴超越文明冲突、文化共享超越文明优越,共同应对各种全球性挑战。新时代的大国外交政策得到了绝大多数国家的认可和赞誉,为中华民族伟大复兴提供了良好的国际环境。

全体中华儿女团结奋斗为中华民族伟大复兴提供了不竭动力。中华民族伟大复兴是全体中华儿女的共同心愿，也是我们团结奋斗的共同目标。近代中国在西方列强的炮火中沦为半殖民地半封建社会，国家蒙辱、人民蒙难、文明蒙尘，中华民族遭受了前所未有的劫难。一代代仁人志士为了民族复兴而前仆后继，最终中国共产党担负起民族复兴的领导重任，并通过几十年的社会主义现代化建设，开创了中国特色社会主义道路，让中华民族以崭新的姿态屹立于世界民族之林。在中华民族越来越走近世界舞台中央的历史时期，中华儿女不会忘记近代中国的屈辱历史，始终能够居安思危，团结奋斗。习近平总书记多次强调要尊重人民的主体性、尊重人民的首创精神，坚持发展为了人民、发展依靠人民、发展成果由人民共享的发展理念。广大人民群众在享受既有发展成果的同时，也必将为民族复兴大业提供源源不断的动力。

四、中国式现代化拓宽了发展中国家走向现代化的途径

中国式现代化的伟大成就戳破了"现代化就是'西方化'"的迷思，以其独特的原创性拓展了现代化理论的内涵，拓宽了发展中国家走向现代化的途径。

中国式现代化的伟大成就是人类社会现代化史上的光辉篇章。新中国在一穷二白、经济文化相对落后的基础上，经过70多年的努力，发展成为世界第二大经济体、世界第一大发展中国家、世界第一大货物贸易国。我国不仅强调经济（质的有效提升和量的合理增长），而且注重社会财富的均衡分配，让更多的发展成果更加公平地惠及更多民众。新时代，党中央实施精准扶贫战略，尽锐出战，打赢了人类历史上规模最大的脱贫攻坚战，历史性地解决了绝对贫困

中国式现代化面面观

问题,为全球减贫事业作出了重大贡献。经过接续奋斗,实现了小康这个中华民族的千年梦想。中国式现代化是走和平发展道路的现代化。中国不走一些国家通过战争、殖民、掠夺等方式实现现代化的老路,那种损人利己、充满血腥罪恶的老路给广大发展中国家人民带来深重苦难。我国坚定站在人类文明进步的一边,高举和平、发展、合作、共赢旗帜,在坚定维护世界和平与发展中谋求自身发展,又以自身发展更好维护世界和平与发展。我国社会主要矛盾从人民日益增长的物质文化需要同落后的社会生产之间的矛盾转化为人民日益增长的美好生活需要和不平衡不充分的发展之间的矛盾。习近平总书记多次强调,要把人民对美好生活的向往作为始终不渝的奋斗目标。无论是从经济增长的总量角度,还是从产业结构的完整性和布局的合理性角度,抑或是从分配正义和国际正义的角度看,中国式现代化的伟大成就都是人类社会现代化历史上的光辉篇章。

中国式现代化是发展中国家现代化的典型案例。中国与大多数发展中国家一样,脱胎于发达国家的殖民地或半殖民地,在二战之后才获得解放。开展现代化的起点基本相似,都是基于经济文化相对落后的传统社会,除发达国家遗留的少量工业装备外,没有相对完整的现代化工业体系。新中国成立后,坚持独立自主的外交政策,坚持和平共处五项原则,积极与友好国家开展经济贸易往来,却一度遭遇发达资本主义国家的围堵,发展环境堪忧。新中国坚持自主创新,不断突破外部世界的经济和技术封锁,成功开辟了中国特色社会主义道路,不断走近世界舞台中央,成为维护世界和平与发展不可或缺的经济和政治力量。新时代,我国大力推进"一带一路"建设,坚持共商共建共享、开放绿色廉洁、高标准惠民生可持续的原则,以互联互通为主线,同各国加强政策沟通、设施联通、贸易畅通、资金融通、民心相通,为广大发展中国家实现现代化提供机遇和动力,为世界经济增长注入新动能,为全球发展开辟新空间,为国际经济合作打造新平台。广大发展中国家应当坚持独立自主的发展战略和外交政策,以本国国情为出发点,聚焦本国经济建设,积极参与经济全球化建设,而不应更不能沦为极少数发达国家维护自身经济利益和地缘政治利益的棋子。20世纪八九十年代,国际共产主义运动遭遇严重危机,西方发达国家不遗余力地炒作"中国崩溃论"。经过多年的发展,在中国式现代化取得举世瞩目成就的时候,西方发达国家又开始疯狂炒作"中国威胁论",甚至极个别国家发起了针对中国的贸易战、金融战和科技战等。从"中国崩溃论"到"中国威胁论",西方意识形态话语的转变,从另外一个角度证明了中国式现代化的国际影响力。以习近平同志为核心的党中央,统筹中华民族伟大复兴战略全局和世界百年未有之大变局,对坚持和完善中国特色社会主义制度、推进国家治理体系和治理能力现代化、全面总结党的百年奋斗重大成就和历史经验等重大问题作出决定和决议,就党和国家事业发展作出重大战略部署,团结带领全党全军全国各族人民有效应对严峻复杂的国际形势和接踵而至的巨大风险挑战,以奋发有为的精神把新时代中国特色社会主义不断推向前进。

中国式现代化拓展了现代化理论的内涵,为发展中国家走向现代化提供了新途径。现代化包括经济现代化、政治现代化、文化现代化、社会现代化和个人现代化等五大方面。既有的西方现代化理论有其特殊的历史背景和意识形态虚伪性。在经济现代化方面,西方现代化理论片面强调跨国资本的建设性作用,而掩盖西方"金融帝国"剥削、搜刮发展中国家经济红利的负面作用。在政治现代化方面，西方现代化理论片面强调西式资产阶级民主的普适性，而掩盖西方政治集团利用政治代理人颠覆发展中国家社会稳定的险恶用心。在文化现代化方面，西方现代化理论枉顾发展中国家的民族文化特性，片面强调"普世价值"，以掩盖其文化入侵的卑劣行径。在社会现代化方面，西方现代化理论鼓吹高福利的社会保障体系，遮蔽由此引发的"中等收入陷阱"。在个人现代化方面，西方现代化理论片面强调个人权利的优先性，消解作为社会"粘合剂"的集体主义。中国式现代化坚持以人民为中心的发展思想，走出了一条利用资本、驾驭资本，克服"资本逻辑"的现代经济发展之路。中国式现代化坚持人民主体地位，强调全过程人民民主，保证人民当家作主，充分体现人民意志、保障人民权益、激发人民创造活力。中国式现代化重视本民族优秀传统文化的创造性转化和创新性发展，不断创造社会主义先进文化，建设中华民族现代文明，创造人类文明新形态。中国式现代化是人与自然和谐共生的现代化，强调可持续发展——当代人的发展不能以牺牲后代人的发展为代价。中国式现代化尊重个人的合法权益，但是反对极端个人主义和无政府主义，注重集体主义的宣传教育，构建最大同心圆，凝聚现代化建设的主体力量。中国式现代化是走和平发展道路的现代化，中国的现代化之路是中国人民通过独立自主、艰苦奋斗探索开创出来的，而不是像一些国家那样，通过战争、殖民、掠夺等方式实现现代化，那种损人利己、充满血腥罪恶的老路给广大发展中国家人民带来深重苦难。中国式现代化为广大发展中国家实现现代化提供了中国方案，"一带一路"建设为给广大发展中国家实现现代化提供了新机遇，为各国共商共建共享开辟了新空间，为各国经济合作打造了新平台。

第一章

现代化的先验性与经验性

现代化是人类社会从传统社会向现代社会转变的过程和结果。这个过程在不断延续，其结果也在不断丰富和拓展。所谓现代化的先验性，就是先进入现代化进程的国家或民族将自身现代化的特征归纳总结为现代化的标准或者模板，并以此来评判和裁剪后发展国家的现代化。前者以强大的经济和军事实力为基础，通过强势的话语体系在世界范围内广泛传播自身的现代化模板即"西方化"。而现代化的经验性是指，纵观诸多发达国家和发展中国家的现代化进程，因民族和地域差异呈现出不同的现代化模式，如盎格鲁—撒克逊模式、莱茵模式、北欧模式和东亚模式等。现代化模式的多样性直接否定了现代化的先验性，即世界上不存在定于一尊的现代化模式，各个国家和地区的人民要根据自身的资源、文化和需要选择合适的现代化道路。中国式现代化是中国共产党团结带领全国各族人民，以马克思主义为指导思想，以科学社会主义为基本原则，以中

> 中国式现代化面面观

华民族伟大复兴为历史使命,以基本国情和优秀传统文化为出发点,以维护广大人民群众的根本利益为立足点,全面推进物质文明、政治文明、精神文明、社会文明、生态文明协调发展的中国特色社会主义现代化。中国式现代化开创了人类文明新形态,为发展中国家走向现代化,提供了中国方案和中国智慧。

第一节 西方现代化理论及其扬弃

现代化是人类社会从传统社会向现代社会转变的过程和结果,研究这个过程和结果的理论,我们称之为"现代化理论"。现代化理论发端于19世纪中期,在20世纪中叶前后,取得了爆发式发展。现代化理论爆发式发展的原因,一方面在于,二战之后殖民地或半殖民地民族和地区获得独立,急需现代化理论来指导本国的现代化;另一方面,以美国为首的西方发达国家把现代化包装成"西方化",供后发展国家学习。"在新中国成立特别是改革开放以来长期探索和实践基础上,经过十八大以来在理论和实践上的创新突破,我们党成功推进和拓展了中国式现代化。"①中国式现代化的伟大实践是对西方现代化"迷雾"的祛魅,拓宽了世界各国现代化的道路。中国式现代化的理论创新是对西方现代化理论的扬弃与超越,丰富

---

① 习近平:《高举中国特色社会主义伟大旗帜 为全面建设社会主义现代化国家而团结奋斗》(2022年10月16日),《人民日报》2022年10月26日。

了人类社会现代化的理论。

一、现代化理论的发展

现代化理论发端于19世纪中期,早期代表人物有圣西门、孔德、马克思、涂尔干、马克斯·韦伯等。20世纪中叶之后,现代化理论取得了爆发式发展,代表人物有帕森斯、沃尔特·罗斯托、西里尔·布莱克、艾森斯塔特等。自20世纪中叶以来,系统化的现代化理论研究又分为两个阶段,第一阶段主要是研究后发展国家如何实现经济、政治和文化的现代化转型,称之为"经典现代化理论";第二阶段主要研究发达国家内生性的诸多社会问题,如经济危机、社会矛盾和生态危机等,称之为"后现代化理论"和"第二次现代化理论"。

二、现代化理论产生的背景

现代化理论的发端和发展有着深刻的社会背景。现代化理论能够在19世纪应运而生,与欧洲社会从传统农业社会向工业社会的转型密不可分。20世纪中叶后,现代化理论的爆发式发展与落后地区的民族独立运动紧密相连,后现代化理论和第二次现代化理论的出现与发达国家陷入自身的发展困境并寻求突破息息相关。因此,现代化理论的发端和发展,是社会转型和发展的实践在理论上的表现形式。

从社会的现代化转型视角来看,18世纪发生了人类历史上具有划时代意义的两件大事:第一件是英国的工业革命,第二件是法国大革命。英国的工业革命极大地提升了人类改造和利用自然资源的能力,蒸汽动力拓展了"生物力"(人力和畜力)的持久性,打破了"生物力"的力量限制,突破了"自然力"(风力和水力)的地域限制,开启了人类社会的工业化时代,是经济史上划时代的重大事件。法国大革命是划时代的政治事件,通过了《人权宣言》,宣布"人生而平等",制宪会议提出"主权在民"和"三权分立"的政治主张,开启了政治领域从封建专制向资产阶级民主变革的历史大时代。在经济和政治领域巨大变革的"普照之光"下,现代化理论应运而生,其主要内容是经济上的工业化和政治上的民主化。从此之后,西欧各国纷纷开展资产阶级革命,推进各国的工业化,其后进入资本主义的高级阶段——帝国主义阶段。帝国主义因抢夺殖民地和抢占世界市场,发生了两次世界大战,这期间现代化理论未能有太大的发展。

20世纪中叶之后,新兴民族国家的建立和发达国家对这些中间力量的拉拢推动了现代化理论的爆发式发展,我们称之为"经典现代化理论"。第二次世界大战结束之后,世界殖民体系彻底崩溃,殖民地或半殖民地的人民获得解放,纷纷建立新的民族国家。这些国家和地区急需摆脱政治、经济和文化落后的困境,试图通过借鉴发达国家的发展经验并学习发达国家的发展理论,来推进政治、经济和文化建设,从而实现本国的现代化。与此同时,在美苏冷战的国际格局之下,为了将新独立的后发展国家纳入自己的势力范围,以美国为首的西方发达国家通过高校和科研机构,投入大量人力和物力,研究一种可供后发展国家学习的现代化理论。这种现代化理论既包含发达国家的发展经验,又包含可供新独立的民族国家普遍接受的价值观。更为重要的是，这种现代化理论的价值底色是西方发达国家的意识形态，即把现代化包装成"西方化"。以苏联为首的社会主义阵营开展了以计划经济为主要特征的工业化进程。但是由于20世纪80年代末90年代初东欧剧变，社会主义阵营土崩瓦解，苏式的现代化理论也就鲜有闻者。

20世纪70年代，发达国家经过了20多年的和平发展，其自身固有的资本主义私有制与社会化大生产之间的矛盾导致他们纷纷进入滞涨阶段，与之相伴的还有因消费主义而来的环境污染问题。现代化理论就从研究发展中国家如何实现现代化，转而研究发达国家的内部问题，如后工业化、逆城市化、知识化和网络化等。我们称之为"后现代化理论"和"第二次现代化理论"。

三、经典现代化理论的主要流派

根据研究方法和角度不同，从学理上大致可以把经典现代化理论分为以下六个学派：综合学派（比较历史学派）、结构功能学派、过程学派、实证学派、行为学派和未来学派。[①] 值得注意的是，大多数学者的研究方法和角度是多元而非单一的，因此，同一个学者有时候可能会被划入两个或多个学派之中。以下我们介绍影响比较大的四个学派。

（一）综合学派（比较历史学派）

综合学派认为，现代化是人类社会从传统社会向现代社会的多

---

① 何传启：《第二次现代化——人类文明进程的启示》，高等教育出版社1999年版，第128-140页。

维度转型,如果单从某一角度或利用一个学科的方法进行研究,不能展现现代化的全貌。布莱克采用比较历史研究的方法,选择了经济、政治、社会、知识和心理等五个方面的变量,来考察现代化的过程和结果,开辟了研究现代化的新路。综合学派的参与者中不乏历史学家,因此又被称为"比较历史学派"。

综合学派根据传统政治权力所受的挑战性是内生还是外部刺激、传统政治权力转换得早晚、是否遭受长期的殖民统治、人口和土地是否重组和是否发展出能够适应现代性功能的制度五个方面的因素,将全世界170个民族国家和地区划分为七种现代化类型。第一种是先政治革命后工业革命的英法模式;第二种是美国、加拿大、澳大利亚和新西兰模式,属于英法模型的衍生型;第三种是欧洲其他国家模式;第四种是拉美国家模式;第五种是基本自主型模式,包括俄国、日本、中国和土耳其等;第六种是亚洲其他国家和北非模式;第七是南部非洲和大洋洲模式。①

(二)结构功能学派

结构功能学派以涂尔干的社会二元分类法为基础,利用"结构—功能"研究方法,研究传统社会向现代社会转变。这一学派认为,传统与现代的根本区别在于社会结构的进步性转化、功能的专门化和社会整合的程度,且这三者的发展水平越高,社会越现代。他们更加关注传统向现代转变的结果而不是转变的过程。结构功能学派发展出一套比较分析政治体制类型的概念和范畴,如体系、功能、结构、合法性、输入、输出、反馈、环境和平衡等,对研究政治

---

① 布莱克:《现代化的动力》,四川人民出版社1988年版,第148-175页。

体制现代化转型有很大的贡献。主要代表人物有马里恩·列维、戴维·伊斯顿、阿尔蒙德等。

(三)过程学派

过程学派认为现代化是农业社会向工业社会转变的过程,这一过程蕴含着社会诸多方面的转型,如工业化、商业化、城市化、文化拓展和职业流动性等。农业社会向工业社会转变的过程可分为以下几个阶段:传统社会阶段、起飞创造条件的阶段、起飞阶段、成熟阶段、高额的大众消费阶段和追求生活质量的阶段。他们主要研究不同阶段的特征及其转化的规律。与结构功能学派不同,他们更加注重研究传统社会向现代社会转化的过程而非结果。

(四)实证学派

实证学派认为现代化是人类社会发展中的一个阶段性过程,其主要特征是政治秩序转型、经济发展转型及二者之间的效能关系。他们立足于世界各国现代化进程的真实案例,开创了实证学派。典型理论有亨廷顿的政治秩序论、格申克龙的工业化模式和库兹涅茨的经济增长理论等。

亨廷顿认为世界各国政治的最大不同,不是政府的形式,而是政府的有效程度:许多新兴国家经济发展了,政治却衰败了,社会冲突和动荡不定加剧了。他研究了一些国家发生的政治衰败、权力转移和政治变迁,提出政治现代化涉及权威的理性化、结构的分离化和政治参与的扩大化三个方面。格申克龙认为,现代化理论研究的出发点应该是各国现代化经验的差异性而非同一性。通过类型学分析方法，他把欧洲的工业化分为八种类型：本地型或者引进型、被迫型或者自发型、侧重生产资料的生产或者侧重消费资料的生产、在通货膨胀的环境下或者在币值稳定的环境下进行的、只涉及数量变化或者还涉及结构性变化的、持续进行的或者不持续进行的、在农业发展或者在农业停滞的情况下进行、出于经济动机或者出于政治动机的。他认为，经济越落后的国家，在工业化进程中，强调大工厂和大企业的倾向越明显，工业化起步越缺乏连续性，越强调生产性产品，特殊制度因素的作用越显著，人们的消费水平压力越重，对农业的依赖性也越大。①

四、对西方经典现代化理论的扬弃与超越

经典现代化理论以欧美发达国家为样本，研究现代化的过程和结果，阐述现代化的特点和规律，因而不可避免地带有"西方中心论"和社会达尔文主义的色彩。由于受早期现代化理论家马克斯·韦伯思想的影响，经典现代化理论把"新教伦理"看作是经济、政治和文化现代化的基础。经典现代化理论把社会看作一个有机体，认为社会发展近似于有机体的进化，必然是一个渐进式的、有秩序的过程，并把这个过程分为传统社会和现代社会两个阶段。传统社会是普遍的起始状态，现代社会则是以西方工业社会为范式的终极状态。这种把欧洲看成现代化的发源地和终极范式的思路，不可避免地把欧洲看成世界的中心，看成科学、理性和逻辑的中心。这充分体现了经典现代化理论的阶级局限性和历史局限性。根据研究领域

---

① 燕继荣主编：《发展政治学》（第二版），北京大学出版社2010年版，第68—69页。

进行分类,我们可以把经典现代化理论分为六个分支:政治现代化、经济现代化、社会现代化、个人现代化、文化现代化理论和比较现代化理论等。①

西方现代化理论开辟了系统化研究现代化的先河,对发展中国家的现代化有着巨大的指导作用,但也暗含着与生俱来的理论缺陷。一是,西方现代化理论家把西方发达国家作为发展中国家现代化的母版,忽视发展中国家的传统、历史际遇和现实境况,必然陷入"西方中心论"的窠臼。全盘接受这种理论来推进现代化的发展中国家,在初期获得了经济发展和政治转型,但其后不可避免地陷入了"中等收入陷阱"或者政治动乱。二是,西方现代化理论把西方发达国家作为现代化的终极指向,把现代化等同于"西方化",把自身现代化的特殊性当作人类社会现代化的普遍性,企图扼杀发展中国家的民族特性、文化特性和资源禀赋特性等。三是,西方现代化理论的底色是资产阶级意识形态,其目的是将发展中国家纳入以发达国家为中心的资本主义市场体系,其结果必然是没有殖民形式的殖民主义,即"中心—边缘"世界体系或依附体系。四是,西方发达国家利用西方现代化理论,尤其是利用政治现代化理论来裁剪和评判发展中国家,遏制不同意识形态的发展中国家的现代化进程,以维护自身在世界体系中的主导地位。我们要客观分析西方现代化理论的贡献和局限,既要吸纳其中的优秀成分,结合本国的基本国情进行现代化建设,又要抵制西方现代化理论的意识形态性,抛弃"西方中心论",尊重各民族国家的独立主权、政治制度和人民

---

① 燕继荣主编:《发展政治学》(第二版),北京大学出版社2010年版,第62页。

诉求，为人类社会整体现代化贡献中国智慧。

第二节 "普世"现代化模式的先验性悖论

所谓"普世"现代化模式，就是把西方发达国家的现代化模式当作人类社会现代化的普遍的、唯一的模板。现代化是人类社会从传统社会、农业社会向现代工业社会转化的过程和结果，是全部人类历史发展的一个环节而非"终点"。西方发达国家打开了从传统社会向现代社会转型的大门，为后发展国家的现代化提供了可借鉴的经验，具有现代化的时间先在性。现代化作为人类社会发展过程中的重要环节，必然具有内在的规律性，也就是逻辑先在性，即"各国现代化的共同特征"①。但是，"普世"现代化模式将自身的时间先在性等同于现代化的逻辑先在性，把现代化等同于"西方化"，逻辑上陷入了先验性悖论，实践上也给世界各国的现代化带来了巨大的阻碍。

一、西方现代化模式的时间先在性

从世界各国现代化的时间谱系上来看，荷兰于 16 世纪最先开展了反对西班牙统治的民族独立运动和资产阶级革命，建立了资产阶

---

① 习近平：《高举中国特色社会主义伟大旗帜 为全面建设社会主义现代化国家而团结奋斗》（2022 年 10 月 16 日），《人民日报》2022 年 10 月 26 日。

第一章 现代化的先验性与经验性

级共和国。英国在17世纪通过长达40年的资产阶级革命建立了君主立宪的资产阶级政权,并于18世纪中叶率先开启了工业革命,从而全面开启了工业化进程。英国资产阶级革命和工业革命的成果在欧洲大陆的广泛传播,推动欧洲各国纷纷开启了经济现代化和政治现代化历程。其中影响最为深远的是法国资产阶级革命。以下从资本原始积累、政治现代化、经济现代化和文化现代化几个方面分析西方现代化历程,并介绍几种西方现代化模式。

(一) 资本原始积累

资本主义国家的现代化离不开一个重要的经济前提,那就是资本原始积累。西方发达资本主义国家的资本原始积累分为国内和国际两个方面,一是残酷剥削国内普通民众,二是对世界上落后国家和地区进行殖民掠夺。

资本主义国家内部资本原始积累最典型的案例,莫过于世界"闻名"的"羊吃人"的圈地运动。莫尔在《乌托邦》中描写了这一人间惨剧:"绵羊本来是驯服的,吃一点青草就满足了。可你们那些贵族和僧侣,为了多剪一点羊毛,卖个好价钱,硬是抢走农民的家园,任凭他们流落他乡,冻饿而死,这还不是羊吃人吗?"在15世纪之前,英国还是一个以农业生产为主的国家,纺织业在国民经济中所占比重不大。随着新航路的开辟,国际贸易有了很大的发展,国际市场慢慢地兴起,毛纺织业随之发展壮大,羊毛需求量急速扩大,羊毛价格不断飙升。因此,英国的新贵族便开始投资养羊。第一阶段,他们只是剥夺广大农民的公共用地。在英国,虽然土地早已有主,但森林、草地、沼泽和荒地这些公共用地则没有固定的主人。一些贵族利用自己的势力，首先在这里扩大羊群，强行占有这些公共用地。第二阶段，当这些土地无法满足贵族们日益扩大的羊群需要时，他们又开始采用各种方法，把那些世代租种他们土地的农民赶出家园。贵族们纷纷把原来租种他们土地的农民赶走，甚至把他们的房屋拆除，把可以养羊的土地圈占起来。一时间，在英国到处可以看到被木栅栏、篱笆、沟渠和围墙分割而成的一块块的草地。被赶出家园的农民，变成了无家可归的流浪者，最后成为资本主义工业早期所需的廉价劳动力。

资本主义国家资本原始积累的另一个途径是臭名昭著的"三角贸易"。所谓"三角贸易"是指，欧洲的新贵族和资本家从本国装载大量的工场手工业（或机器工业）制造的产品，在非洲换成奴隶，通过大西洋，到达美洲，再换成工业原料和金银，返回欧洲。由于其航线在欧洲西部、非洲的几内亚湾和美洲之间，大致成三角形，因此称"三角贸易"。又因为从非洲销往美洲种植园和矿场的主要是非洲的黑人奴隶，因此，又被称作"奴隶贸易"。最早经营奴隶贸易的是早期的海上强国西班牙和葡萄牙，后来被英、法、荷等国取代。"三角贸易"历时300余年，给殖民地的人民带来了史无前例的劫难。据不完全统计，非洲大陆损失了1亿人口，美洲大陆的原住民因殖民统治而遭到了血腥的屠杀，损失人口几千万。与此相反，罪恶的"三角贸易"给欧美资本主义的发展提供了丰厚的利润，完成了其发展所需的资本原始积累。西方国家除了在美洲和非洲进行殖民掠夺之外，还在亚洲建立半殖民地，通过战争赔款、占有土地、经济掠夺和贩卖人口等多种手段压榨半殖民地人民。中华民族就是这样被卷入资本主义殖民体系之中的。

发达资本主义国家的资本原始积累是以导致世界其他地区和民族的惨痛历史为代价的。西方现代化理论家都避开了西方国家资本原始积累的黑暗历史,竭尽所能地宣扬自身的所谓自由民主的"普世"价值,标榜自身民族的优越性,推广"西方中心论"。孰不知,我们可见的"南北差距"是西方国家建立殖民体系的结果,而不是发展中国家落后的原因。换句话说,西方国家对外殖民的历史是先发地区与后发地区之间差距的"放大器"和"杠杆"。

(二)资产阶级政治现代化

西方国家的政治现代化突出表现为资产阶级所领导的阶级革命。西方国家完成了早期资本原始积累之后,国家内部的社会结构发生了巨大的变化。新贵族和资本家的势力不断壮大,迫切需要建立统一的国内市场,以保证原料和产品流通的普遍性;迫切需要建立高流动性的劳动力市场,以保证工业生产所需的雇佣劳动者。以旧贵族为主体的封建统治阶级却颁布各种法令,维持封建割据状态,以维护其自身的特权和利益。新贵族、资本家与旧贵族之间的阶级矛盾越发尖锐,资产阶级革命一触即发。

顾名思义,资产阶级革命就是由资产阶级领导的反对封建统治阶级和封建社会制度的阶级革命。资产阶级革命经历了从酝酿、爆发到建立资产阶级政权三个阶段。

第一阶段,通过宣扬资产阶级意识形态,瓦解封建社会的观念上层建筑。资产阶级意识形态的发端和欧洲封建社会观念上层建筑的动摇有特殊的历史背景,那就是14世纪四五十年代席卷欧洲的"中世纪大瘟疫"。"中世纪大瘟疫"导致大概2500万人死亡,动摇了统治欧洲长达千年之久的基督教神权,使"人"重新被发现。此后,欧洲开始了思想解放运动"文艺复兴"和"宗教改革"。

又经过200多年的酝酿和积累,欧洲开始了第三项思想解放运动即"启蒙运动"。启蒙运动涉及的学科包括自然科学、哲学、伦理学、政治学、经济学、历史学、教育学和文学等。从意识形态角度看,启蒙运动宣扬"天赋人权",否定"君权神授",直接向封建社会的观念上层建筑发起了冲锋,最终导致封建社会观念上层建筑的崩塌。

第二阶段,资产阶级革命打碎封建社会的政治上层建筑。资本原始积累为资本主义工商业的发展提供了两个条件:一是原始资本,二是斩断了人身依附关系的自由劳动力即雇佣工人。长期遭受封建社会政治压迫和经济盘剥的工人和农民,在资产阶级意识形态的整合之下,成为反对封建统治阶级和封建社会制度的主力军。资产阶级则充当革命领袖。西方各国开展的资产阶级革命因社会传统不同,建立的资产阶级政权形式也有所差异,如君主立宪、共和政体等。

第三阶段,通过资产阶级政权建构以资本运行和增殖为核心的社会体系。资本主义社会斩断了旧的人身依附关系,赋予个人以物的依赖性为基础的独立性。资本家作为资本的人格化,既充当资本主义社会的统治阶级,又充当资本的管理人,不断维护资本的运行和增殖。

资产阶级成为统治阶级之后,建构了现代政党制度,是政治现代化的重要组成部分。随着广大工人的阶级意识的觉醒,无产阶级逐步登上政治舞台。在马克思和恩格斯发表《共产党宣言》之后,无产阶级政党就成为世界政治舞台中不可或缺的重要力量。

(三)资本主义经济现代化

资产阶级通过阶级革命建立资产阶级政权之后,利用国家形式加剧了对殖民地和半殖民地的盘剥,即把殖民地和半殖民地当作原料产地和商品倾销地,从中获取超额利润,加速本国的经济现代化。

经济现代化的首要表现,是从以农业为主体的经济体向以工业占主导的经济体转变。因此,工业化也被看作经济现代化的核心要义,同时经济现代化又被看作社会现代化的动力引擎。宏观来看,工业化能改变整个社会的经济结构,能改变城乡结构,还能改变社会的阶级结构。微观来看,工业化改变了人们的知识结构、认识方式和世界观。西方国家的工业化脱胎于封建社会手工作坊,经历了工场手工业,发展为机器工业,到后期又建立了自动机器体系。手工作坊期间,分工还不发达,手工业者人数较少,代际之间主要是师承关系。到了工场手工业阶段,手工业生产场所扩大,人数增多,分工得以发展,手工业者之间主要是协作关系。随着机器工业的出现,工业生产规模迅猛发展,雇佣工人的数量急剧扩张,以工业占主导的经济体初步形成。到了自动机器体系出现之后,工业生产规模爆发式增长,但与此同时,工人自己只是被当作自动的机器体系的有意识的肢体。工业规模的增加必然涉及投资领域的重大变化,因此工业化过程中社会经济结构发生了重大的变化,工业、农业和金融业进行了有效重组,推动资本主义社会快速发展。

城市化是工业化的必然结果。手工作坊时期,手工业生产规模远小于农业生产规模,城市手工业者人数较少,城市规模不大。 工场手工业期间,手工业规模开始扩大,加之因"圈地运动"失去土地或失去租地的农民大量涌入城市,为工场手工业提供了充足的自由劳动力。 城市人口的递增,开启了城市化进程。 机器工业出现之后,工业生产规模迅猛发展,基础建设能力加强,城市人口暴涨,城市化进程进入了加速期。 随着自动机器体系的出现,工人不再是生产的主体,而是监督生产、维护机器体系的角色,因此,工业生产所能容纳的就业人数回落,这样就导致了西方国家出现"逆城市化"。

工业化催生了市场化,建构了世界市场。 大规模的工业生产迫切要求建立统一的国内市场,即充足的劳动力市场、原料供应市场和产品销售市场。 工业化推动了农业生产的规模化,产生了大量的农场主(资本家),导致小农不断破产。 新兴的资产阶级政权颁布法令,进一步消除封建社会残余的人身依附关系,建立广泛的劳动力市场。 破产的农民无法逃脱沦为自由劳动力的悲惨命运。 资产阶级政权利用经济和政治双重手段,进一步削弱地方势力,打破资源流通的地方壁垒,建立统一的原料供应市场和产品销售市场。 国内市场的利润不能满足资产阶级追求资本增殖的野心,资产阶级就利用旧有的世界殖民体系,把殖民地和半殖民地当作原料产地和产品倾销地,客观上建构了世界市场。

(四)资产阶级文化现代化

科学技术的发展和经济现代化推动了文化现代化。

一是,科学技术的发展催生了科学化的世界观。 虽然科学技术自身的发展并无意识形态性,但科学技术研究对象的拓展及其相关理论的发展必然产生科学化的世界观。例如哥白尼的日心说、康德—拉普拉斯星云假说、达尔文的生物进化论、宇宙大爆炸理论……都沉重打击了基督教的创世学说。在科学化的世界观的基础之上，资产阶级文化呈现出科学主义的倾向——从迷信神权转向崇尚科学。科学化世界观的建立，加速了整个社会的思想解放，宗教信仰彻底退出了政治领域，成为市民社会范围内的个人事务。

二是，经济现代化推动资产阶级自由、平等观念的传播。经济现代化需要大量的自由劳动力，资产阶级就在文化领域大肆鼓吹"自由"；经济现代化需要在市场上保证交易主体的平等关系，资产阶级就在文化领域宣扬"平等"。

三是，资产阶级自由、平等观念的虚伪性。资产阶级文化中的自由是资产阶级的自由，不是无产阶级的自由，因为无产阶级无法突破资本主义私有制的牢笼。所谓的"自由"无非是自由选择劳动力买主的自由，而没有选择是否出卖劳动力的自由。所谓的"平等"，也仅仅是资本家作为市场主体的平等，无产阶级在劳动力市场中享受的是抽象的平等，因为，劳动者出卖自己的劳动力，获得的仅仅是与劳动力价格等值的货币，而劳动使资本增值的剩余价值却被资本家无偿占有。因此，劳动者作为市场主体没有享受到真正的平等。

以现代科学技术为基础的工业生产需要劳动者具备一定的科学素养和文化水平，教育普及化是满足这一需求的唯一途径。教育的普及化大大提高了民众的科学素养和文化水平。因此，除了满足提升劳动力素质的培训体系，还催生了现代的企业管理制度。民众文化水平的提高使文化生产者的主体多元化，使文化产品大众化。思想解放将宗教信仰驱逐出政治领域，多元文化主体的创作使文化和文艺作品世俗化。由此可见，文化现代化是政治现代化和经济现代化的衍生品，也是必然结果。

西方国家通过原始资本积累，赚取了"第一桶金"，率先开启了现代化的历程。资产阶级政治现代化为资本主义经济现代化和资产阶级文化现代化提供了政治保障和制度保障，资本主义经济现代化为资产阶级政治现代化的进一步发展和资产阶级文化现代化的建立奠定了坚实的经济基础，资产阶级文化现代化又为资产阶级政治现代化和资本主义经济现代化的深入发展提供了思想保障，三者相辅相成。

(五)诸多现代化模式的经验性事实

深入研究发达国家的现代化模式，就会发现这些国家的现代化路径也不尽相同。就其实质而言，发达国家的现代化模式也是现代化的普遍性与特殊性的统一——既有现代化的共同特征，又有其自身的独特之处。也就是说，所谓的"西方化"，其内部也具有种种差异性，而非如其意识形态所标榜的具有"普世性"。以下介绍三种比较典型的现代化模式：盎格鲁—萨克逊模式、莱茵模式和北欧模式。

1. 盎格鲁—萨克逊模式

盎格鲁—萨克逊模式又称"英美模式"。该模式经济上，以市场经济为导向，以个人主义和自由主义为基本理论依托，尤其突出自由竞争；强调劳动力市场的流动性，劳动者享受有限的法定劳动所得和社会福利；公司注重短期目标的实现，证券市场在公司投融资中起着举足轻重的作用。① 政治上,英国和美国都是典型的两党制议会体制:从政府决策机制的角度看,美国是两党制议会下的总统制,总统和议会分开选举,由总统组阁执政,议会对总统形成制衡关系;英国则是两党制议会下的首相制,议会选举长期实行"简单多数制",由多数党领袖做首相,从而形成集权程度很高的"议会制"政府。②

该模式的特征在20世纪七八十年代随着英国的撒切尔夫人上台执政和美国的里根当选总统、推行"撒切尔主义"和"里根经济学"而更趋强化。在经济上其主张削减赋税、自由竞争、放松管制、私有化和鼓励个人财富的积聚。③ 这种模式容易陷入市场至上、股东利益优先的自由放任状态。比如,该模式对金融市场的放任和缺乏监管,最终导致房地产泡沫破裂,成为美国次贷危机的直接诱因。④

2. 莱茵模式

莱茵模式则是以莱茵河畔的德国、法国等为代表的、主要存在于欧洲大陆国家的经济社会发展模式,以德国的社会市场经济理念和模式最为典型。经济上,该模式主张在国家所制定的秩序框架下实现竞争;它强调社会公平性与集体的利益,制定了一整套严格的劳工权利和福利制度,劳工组织如工会拥有直接参与劳资谈判、参

---

① 丁纯:《盎格鲁—萨克逊模式与莱茵模式的比较——20世纪80年代以来德、法和英、美经济表现和成因分析》,《世界经济与政治论坛》2007年第4期,第41-48页。
② 《经济导刊》编辑部:《欧美体制的多样性:盎格鲁萨克逊模式VS莱茵模式》,《经济导刊》2018年第5期,第68-75页。
③ 丁纯:《盎格鲁—萨克逊模式与莱茵模式的比较——20世纪80年代以来德、法和英、美经济表现和成因分析》,《世界经济与政治论坛》2007年第4期,第41-48页。
④ 崔洪建:《盎格鲁—撒克逊模式、莱茵模式、东亚模式三种模式交织下的全球未来》,《人民论坛》2012年第9期,第4页。

与企业决策的能力和地位;公司更注重长期发展,公司之间或公司与银行之间往往联系紧密,因此证券市场的作用相对较小。① 该模式大体是多党制议会,但各国有显著差别。 德国采用"比例代表制"的选举制度产生多党制议会,议会产生政府,多数情况下由多党联合政府执政,总理是议会多数党或多数党执政联盟的领袖。 德国议会由传统大党构成(得票在5%以下的党不能进入议会),多数党联盟在议会是稳定多数,政府较稳定。 法国的政治制度经历几次重大变化,目前"法兰西第五共和国"采取总统全民普选和"两轮单记名"选举议员的"半总统半议会"制。 总统有权最终决策,议会很难反对总统的决定。②

莱茵模式强调通过建立社会保障体系、利用税收和福利政策来实现社会与市场、增长与分配、经济利益与社会责任之间的某种平衡,是对自由放任式市场经济的修正。 但在西式民主的窠臼中,这种平衡很难把握,容易滑向因迎合"民意"而透支财政、推高福利、市场僵化和增长动力不足的深渊。 欧洲债务危机中的重债国几乎都是这种社会与市场关系被政治体制扭曲而致失衡的牺牲品。③

3. 北欧模式

北欧模式是指北欧瑞典、丹麦、挪威、芬兰及冰岛所选择的经济社会发展模式,又称为"中间道路"。 经济上,北欧国家强调合

---

① 丁纯:《盎格鲁-萨克逊模式与莱茵模式的比较——20世纪80年代以来德、法和英、美经济表现和成因分析》,《世界经济与政治论坛》2007年第4期,第41-48页。
② 《经济导刊》编辑部:《欧美体制的多样性:盎格鲁萨克逊模式VS莱茵模式》,《经济导刊》2018年第5期,第68-75页。
③ 崔洪建:《盎格鲁-撒克逊模式、莱茵模式、东亚模式三种模式交织下的全球未来》,《人民论坛》2012年第9期,第4页。

作与互助,坚持经济与社会福利均衡发展;适度调整政策,坚持公平与效率相统一;完善社会福利制度,坚持其广泛性、普遍性与稳定性。① 政治上,北欧国家是典型的两党议会制政府,首相权力较小,议会一般都有社会民主党和保守党两大政党。这些国家在很长一段时间由社会民主党主导,近年逐渐形成两党轮流执政的格局。②

北欧各国政府注重竞争与合作相结合,不放任财富积累与分配的弱肉强食。他们承认市场经济制度,鼓励各种经济公平竞争、各展所长。同时,他们承继了在历史上互助与妥协的传统,十分重视不同社会阶层、群体间的沟通与协调。③ 北欧各国以"超高福利"闻名于世。高税收政策作为高福利政策的经济支撑,还抑制了高收入群体的形成与扩大,缩小了贫富差距。北欧模式也面临先天不足和后天乏力的困境。相对而言,北欧五国整体经济规模不大,其高税收、高福利的配套政策在国际经济下行时期难以为继;"高福利"的政治经济标签成为左翼和右翼政党竞争执政权的口号,而对社会公平的强调超过一定限度之后,这一口号会损害经济效率。

二、现代化的逻辑先在性

现代化作为人类社会发展过程中的重要环节,必然具有内在的

---

① 黄莎:《浅析北欧模式成功的主要原因及其启示》,《人民论坛》2013 年第 33 期,第 249-251 页。
② 《经济导刊》编辑部:《欧美体制的多样性:盎格鲁萨克逊模式 VS 莱茵模式》,《经济导刊》2018 年第 5 期,第 68-75 页。
③ 黄莎:《浅析北欧模式成功的主要原因及其启示》,《人民论坛》2013 年第 33 期,第 249-251 页。

规律性,也就是逻辑先在性,即"各国现代化的共同特征"①。从传统农业社会向现代工业社会转变,是人类生产方式和生活方式的综合性转变,包括经济、政治、文化、社会和个人等诸多方面的系统性转变。

(一)政治现代化

政治现代化涉及民主化、法制化和现代政党及其制度。民主化是指国家权力从传统专制主义走向现代民主政治,主要有资产阶级民主和社会主义民主两种形式。法制化是指从传统人治转变为现代法治,并形成一整套与工业化和市场化发展要求相适应的法律制度体系。现代政党及其制度是政治现代化的主体保障,因为无论是民主还是法治,都依赖于现代政党的积极实践与建构。

从神权到人权的转变是国家权力从专制主义转变为民主政治的前提。封建社会宣扬"君权神授",统治阶级与被统治阶级的地位是上帝(或上天)的安排,人不能违背神的意志,只能在自己的宿命中了此一生。文艺复兴、宗教改革和启蒙运动使"人"重新被发现,为政治现代化提供了思想基础,突破了"君权神授"的思想禁锢。资产阶级为了团结其他阶级共同对抗封建统治阶级,普及了"天赋人权"的思想,为资产阶级民主制度铺平了道路。其后,无产阶级及其政党充分吸纳了"天赋人权"的思想,在无产阶级革命中加以运用。尤其是马克思主义产生之后,无产阶级政党秉持唯物主义的群众史观,反对唯心主义的英雄史观,为社会主义民主制度

---

① 习近平:《高举中国特色社会主义伟大旗帜 为全面建设社会主义现代化国家而团结奋斗》(2022年10月16日),《人民日报》2022年10月26日。

奠定了基础。

民主化和法制化是政治现代化的一体两面。民主化使现代政治制度拥有了广泛的群众基础。普通民众能够参与政治活动，表达意见，政治活动不再是少数统治阶级或者极个别统治者个人意志的体现。法制化是政治现代化的制度形式，是民主化的制度保障。只有通过法律和制度的形式保障人民参与政治、表达意见的权利，才能维护民主政治的长期性和稳定性，保障国家的长治久安。

现代政党是推进民主化和法制化的主体，也是政治现代化的领导力量。纵观各国政党的发展史，早期的资产阶级政党一般产生于反对封建统治的资产阶级革命过程中。他们不断宣扬自身的政治主张，团结其他被统治阶级，从而形成了一定的政党制度。无产阶级作为政治力量登上历史舞台，要晚于资产阶级，而且广大无产者的阶级意识的觉醒也经历了一个相对漫长的过程，因此，无产阶级政党的产生一般先于无产阶级革命的发生。为了维护自身的经济利益，资产阶级夺取政权后，资产阶级政党成为建构资产阶级民主和法治的主体力量。无产阶级夺取政权后，为了维护广大人民的根本利益，无产阶级政党成为建构社会主义民主和法治的领导力量。

(二)经济现代化

经济现代化涉及工业化、市场化、城市化和城乡一体化等。工业化是指工业生产（主要指制造业）在社会生产中所占比例不断递增，就业人数在总就业人数中的比例不断上升。市场化是指市场在生产资料和消费资料的资源配置中起到越来越大的作用。城市化和城乡一体化是指随着工业化的不断推进，城市规模不断扩大，城市

中国式现代化面面观

人口不断上升，到达一定阶段之后，开始城市发展与乡村振兴同频共振的一体化发展。

因为现代化就是指人类社会从传统农业社会向现代工业社会的转变过程和结果，所以工业化是经济现代化的核心指标，是整个社会现代化的动力引擎。工业化的具体形式就是各种工业机械及其产品在生产生活中的广泛应用。相对农业生产而言，工业生产一定程度上摆脱了对自然资源和气候条件的地域性依赖。而且，随着科学技术的进步及其在工业生产中的应用，工业生产对以上二者的地域性依赖越来越低。工业生产对资源的流通性有很高的要求，资源配置的市场化是工业化的必由之路。从一国范围来看，统一的国内市场对本国的经济发展有着举足轻重的作用；从世界范围来看，世界市场对全球化发展也是不可或缺的重要前提。原料供给、产品和重大科学技术成果都需要在国内、国际市场上充分流通，以促进一国或者世界各国现代化的持续、稳定、健康发展。城市化和城乡一体化是工业化不同阶段衍生的生活形式。工业化本身就包含了工业生产在社会生产中占比提高和容纳就业人数上升两个方面。工业生产的扩大和就业人数的增加，必然带来城市人口的爆发式增长，城市规模也随之迅速扩大。随着产业结构升级，智能化的工业生产体系不断普及，工业生产所能容纳的就业人数回落，部分人转移至服务业；另一部分人可以利用工业化成果推进农业现代化，这样就进入城乡一体化的发展阶段。

经济现代化是社会转型的核心要义，其他几个方面的现代化都要以经济现代化为基础。马克思主义认为，经济基础决定上层建筑，上层建筑对经济基础具有一定的反作用。也就是说，政治现代化为经济现代化的发展破除了旧的上层建筑的阻碍,但政治现代化的进一步发展要以经济现代化为基础。 社会存在决定社会意识。 经济基础和上层建筑是社会存在的主体,又因为经济基础决定上层建筑,因此经济基础就是社会存在的决定性因素。 社会意识是经过社会关系加权的个人意识,表现为社会文化,所以经济现代化也决定了文化现代化。

(三)文化现代化

文化现代化涉及科学化、世俗化、大众化、多元化等。 文化现代化中的科学化主要是指文化产品的创作从迷信神权向崇尚科学的转变。 世俗化和大众化是指文艺作品从集中描写共同体生活转变为反映普罗大众平凡生活。 多元化主要指文化生产主体多元化。 文化现代化中的科学化主要表现为科学世界观的形成。 科学世界观的主要内容包括科学方法、科学知识、科学理论和科学价值观等。 传统农业社会中,农业生产占据绝对主导地位,自然环境和气候是农业生产和个人生活得以进行的外部条件,由此而产生了各种自然崇拜或者自然宗教。 自然宗教后来发展出了一神教和多神教。 由此,宗教便具有了对自然界各种现象的解释权,决定了人们的世界观。 近现代自然科学的产生和发展使人们对自然界的认识获得了前所未有的突破,为科学世界观的形成奠定了基础。 尤其是实验科学的产生和发展,使人们对世界的认识进一步深化,破除了宗教神学的层层迷雾,科学世界观应运而生。 从神权到人权、从专制到民主的政治现代化为文化现代化中的世俗化、大众化和多元化奠定了政治基础。 个人摆脱了血缘关系的束缚,共同体生活逐渐被个体生活所取代。文化作品不再限于描述共同体生活的宏大叙事,而是转向反映普通民众的世俗生活,即大众化和世俗化。经济现代化提升了人们的科学素养和文化水平,旧的意识形态家不能再垄断文化生产,普通民众也有机会参与文化生产,即文化生产主体多元化。

(四)社会现代化

社会现代化涉及教育普及化、社会流动扩大化、社会保障系统化、社会团体自组织化和社会发展生态化等。教育普及化主要体现在从传统社会的贵族精英教育和少量私塾教育向普及型国民教育的转变。社会流动扩大化是指人员从受制于血缘和地缘的双重束缚向全国或者全世界流动的转变。社会保障系统化是指从传统社会局限于提供赈灾这一类社会保障向建立全方位、系统化的社会保障体系的转变。社会团体自组织化是指随着传统宗法系统的解体和人民受教育水平的提高,各种新型的社会团体不断涌现,并形成一套自我组织和自我管理的机制。社会发展生态化主要是指社会发展不以破坏生态环境为代价,追求人与自然的和谐共生。

教育普及化是经济现代化的必然要求和结果,又是社会现代化的重要指标。在工业化成为经济现代化的核心指标的背景下,工业生产和现代企业管理对工人的科学素养和文化水平有了更高的要求。普及型国民教育则能够提升广大国民的综合素质,满足经济现代化的要求。随着共同体生活解体,自由劳动者的个体生活成为社会生活的主体。同时,工业化导致不仅在生产领域大量应用现代化机械设备,而且在流通领域也大量应用机械设备,这就为社会流动扩大化提供了物质基础。社会流动扩大化使人们在摆脱血缘束缚的基础上,进一步突破了地缘束缚。因此,局限于地域性的社会保障成为过去式,全面的、系统的社会保障体系成为社会现代化的题中之义。教育普及化使人们的科学素养和文化水平有了很大提高,加之受社会流动的扩大化和现代政党制度的影响,人们自发地结成各种社会团体,形成一套自我组织和自我管理机制,这就是社会团体自组织化。工业生产极速扩张,自然资源的过度开采和需要长周期才能降解的社会排泄物打破了生态系统的平衡。其所造成的生态危机对人类生活形成反噬,人们意识到不能再以破坏生态环境作为发展的代价,而应追求人与自然的和谐共生,即社会发展生态化。

(五)个人现代化

个人现代化涉及交往扩大化、思维理性化、国家意识觉醒和政治参与意识增强等。工业化为交往扩大化提供了物质基础,科学素养和文化水平的提升使人们思维理性化。思维理性化使人们增强了主权在民的意识,促使民众的国家意识觉醒,增强了民众的政治参与意识。

个人交往扩大化包含两个方面,一是面对面交往的扩大,二是非面对面信息交流的扩大。前者是社会流动扩大化的微观视角,指脱离血缘或宗法束缚的个人,借助现代化的交通工具打破地缘束缚,进行广泛的社会交往。后者是基于工业化所创造的新的信息传播方式,个人之间进行的非面对面的信息交流,其最大的特点是信息交流的便捷性和即时性。马克思强调,"我对我的环境的关系是我的意识。"[1]交往扩大化一方面改变了个人生产生活的环境,另一方

---

[1] 《马克思恩格斯文集》(第一卷),人民出版社2009年版,第533页。

面也改变了"我对我的环境的关系",加之人们科学素养和文化水平的提高,尤其是科学的世界观的确立,推动了个人思维理性化。个人交往扩大化、社会保障系统化和个人思维理性化,共同推进了广大民众国家意识的觉醒。个人交往扩大化使个人的活动不再局限于家庭、家族或者地域,社会保障系统化为个人交往扩大化提供了多维度的物质基础。国家是推行社会保障系统的直接主体,因此理性化思维能够使人们充分认识到国家的发展与个人命运的直接关联性,即国家意识的觉醒。政治民主化不断增强人们的"主权在民"意识,加之国家意识的觉醒,广大民众的政治参与意识不断增强。

综上所述,现代化是人类社会发展不可或缺的重要环节,是政治现代化、经济现代化、文化现代化、社会现代化和个人现代化等多维度的综合性现代化,而且多维度之间既相互区别,又相互联系和制约。

三、西方现代化模式的时间先在性不等于逻辑先在性

西方发达国家率先开启了从农业社会向工业社会转型的历程,是人类社会现代化转型的先驱。但是,随着越来越多的国家加入人类社会现代化转型的行列,现代化的外延随之扩大。因此,将西方现代化的时间先在性等同于逻辑先在性的谬误越来越明显。一方面,现代化是政治现代化、经济现代化、文化现代化、社会现代化和个人现代化的综合性转型发展,与各国自身的自然资源禀赋、政治传统、文化传统和民众的综合素养有着重要而复杂的关系。另一方面,因为全球化的不断发展,一国的现代化不仅仅涉及国内政治、

第一章 现代化的先验性与经验性

经济、文化和人口等诸因素之间的相互关系，而且涉及国内发展需求与外部国际压力之间的张力与平衡问题。

首先，后发展国家的政治现代化受制于旧的政治传统、殖民体系和"殖民思维"。

后发展国家的政治现代化面临两方面的反对势力，一是本国的封建统治阶级，二是帝国主义。第一次世界大战爆发之前，发达资本主义国家已经将世界瓜分完毕，形成了殖民体系。在这一时期，殖民地或半殖民地的封建统治阶级与帝国主义之间的矛盾属于主要矛盾。但是随着殖民地、半殖民地民族独立或解放运动的兴起，封建统治阶级为了维护自身的阶级利益，开始与帝国主义勾结，共同镇压广大人民的民族独立或解放运动。因此，后发展国家的政治现代化既要反对本国的封建统治，又要反对殖民者的武装干涉。帝国主义的两次世界大战，削弱了它们对殖民地的控制力，为广大后发展国家人民的民族独立和解放运动提供了契机。尤其是第二次世界大战后，亚非拉地区人民的民族独立运动蓬勃发展，广大殖民地或半殖民地纷纷独立，建立了民族国家。

特殊的历史原因，导致殖民地国家新建的政治体制往往受到原宗主国多方面的限制和影响，政治现代化举步维艰。一是原宗主国会培植代理人参与殖民地国家的建构。这些代理人往往以"布道者"或者"启蒙者"的身份出现，他们一方面有自身的特殊利益，另一方面又维护宗主国在本国的利益。前者与本国人民的利益有冲突，后者与本国的国家利益有冲突，因此，这些国家按照西方发达国家模板所建立的多党制政府往往很难推行独立、统一、稳定、健康和持续的现代化。这样就能解释为什么很多发展中国家经历一段时间的发展,就会陷入政治不稳定或者动乱的局面。二是按照西方发达国家模板所建立的政治体制与本国的政治传统之间存在冲突。一国的政治传统与其自身的历史、文化和资源有着密不可分的关联性。准确地说,政治传统是一定自然资源所培育的社会资源的政治组织形式。彻底隔绝政治传统的"西式"政治体制与本国的自然资源、社会资源不相符合,或者说"水土不服",往往也会大大限制发展中国家的政治现代化。三是长期被殖民统治的人民对自身民族文化的怀疑和不自信也会限制本国的政治现代化。殖民地或半殖民地因其整体落后而被迫卷入世界殖民体系。

随着民族独立运动的发展和民族意识的觉醒,殖民地少数精英对自身历史的反思可能会经历一个彻底否定自身传统、全盘"西化"的短暂过程,我们可以把它看作"殖民思维"。对"殖民思维"的祛魅要经历一个漫长过程,其中包含殖民地国家长期政治发展、经济发展、文化传承和创新等。因此,发展中国家的政治现代化不是简单复制西方发达国家所谓自由、民主和多党制就可以一蹴而就的,只有在立足本国基本国情和优秀传统文化的基础上,进行独立自主的探索和创新,方能完成。

其次,后发展国家的经济现代化受到本国原始资金不足、原有产业结构、全球化产业分工和全球资本四方面的限制。

一是后发展国家的经济现代化受到本国原始资金不足的限制。后发展国家的工业化水平普遍比较低,取得民族独立后,所拥有的工业产业一般是原宗主国或侵略国遗留的,对本国的工业化有一定作用,但无法支撑本国普遍工业化的需求。要发展工业,就不得不从发达国家引进人才、技术和设备,需要支付大量资金。而后发展国家原本就处于产业链的低端,很难再承担高额的引进成本。二是后发展国家的经济现代化受到原有产业结构的限制。这里既包含本国自然资源的限制,也包含原有产业获利集团的限制。工业生产不同于传统的农业生产,其所需工业原料种类和数量多,并非一地一域所能满足的。即使本国拥有一定的自然资源储备,一般也被发达国家的跨国公司或代理人所掌握。此外,本国原有的产业获利集团为了维护自身的利益,也会阻挠工业化的进程。三是后发展国家的经济现代化受到全球化产业分工的限制。发达国家为了自身产业的转型升级,一般会将劳动密集型和资源密集型企业向发展中国家转移。对于发展中国家来讲,这是快速实现本国经济现代化的千载难逢之机。但是,发达国家为了维护自身的利益,一般不会将全产业链转移到少数国家,而是将产业链分散布置在不同的国家和地区,形成全球化产业分工,以限制发展中国家的工业水平。发展中国家如果仅仅靠承接发达国家的产业转移很难满足本国的工业化需求,只能处于产业链低端,赚取少量的劳动力价值和破坏资源环境的补偿价值。四是发展中国家的经济现代化受到全球资本的限制。发达国家的大型跨国公司通过垄断高端核心技术,可以赚取大量高附加值的剩余价值。资本主义所固有的矛盾决定了自身周期性经济危机无法消除。发达国家一旦遭遇经济危机,就会通过各种手段向发展中国家转嫁危机,从而通过牺牲发展中国家的利益保全自身的发展和繁荣。更有甚者,"国际游资"通过狙击发展中国家的主权货币洗劫发展中国家的财富。因此,发展中国家的经济现代化不是建立所谓的"自由经济体"、简单直接加入世界市场就能完成的。

再次,后发展国家的文化现代化不但面临本土文化与外来优秀文化的融合性发展难题,还要抵制外部强势文化的"入侵"。

大部分发展中国家的传统文化一般是以自身相对封闭的自然经济为基础的,但是在被动卷入或主动融入世界体系之后,无法摆脱成为帝国主义原料产地和商品倾销地的命运。原来相对封闭的自然经济的解体,导致传统文化赖以生存的经济基础荡然无存。由此,实现本土文化与外来优秀文化的融合性发展,成为后发展国家文化现代化的一个难题。有些地区在被殖民之前,生产力水平和文化水平极低,尚未发展出自己的文字,社会规则仅仅表现为一些约定俗成的风俗习惯。这些地区在获得独立后,不得不使用原宗主国的文字作为官方通行文字。这些国家或地区要完成自身的文化现代化,很难排除原殖民体系的限制。另外,有一些国家和地区历史上宗教文化长期占据主体地位,对外来文化持敌对态度,也很难实现传统文化与外来优秀文化的融合性发展。还有极少数国家历史上曾经创造了辉煌的文明,被动卷入世界体系之后,经过艰难探索,找到了传统文化与外来优秀文化融合性发展的道路。但是,这些国家又面临外来强势文化"入侵"的难题。西方发达国家总是把自身的文化以各种名目包装成"先进文化",通过文化代理人向发展中国家输入,从而打击发展中国家的文化自主性和独立性。更有甚者,通过文化"入侵"为"颜色革命"铺路搭桥。因此,后发展国家的文化现代化没有任何模板可以套用,既不能固守传统、裹足不前,也不能采用拿来主义、全盘接受,同时还要抵制文化"入侵",其复杂程度不言而喻。

最后,后发展国家社会现代化中的教育普及化、社会保障系统化和社会发展生态化的困境一般都与本国孱弱的经济基础紧密相关,但社会团体自组织化却有着一定的特殊性,而且对整个国家的现代化有着巨大的影响。一方面,社会团体自组织化有利于优化社会结构,提高社会组织和动员能力,增强社会发展动力;另一方面,社会团体也会成为发达国家培育代理人、推动"颜色革命"的土壤。发达国家通过名目繁多的基金组织选择或者培育亲西方的社会团体,干预或者控制后发展国家的现代化。最极端的情况是将这种亲西方的社会团体发展成为反政府武装,扰乱后发展国家的社会稳定,破坏其发展的独立性和可持续性。

综上所述,通过分析后发展国家在政治、经济、文化和社会现代化方面所面临的困境,对比发达国家的现代化历史,可以发现,如果简单套用西方现代化模式,不仅不能实现后发展国家可持续的现代化,反而会将其导向没有殖民形式的"新殖民体系"。也就是说,西方发达国家现代化的时间先在性,不等于现代化的逻辑先在性。后发展国家只有在保持政治独立、经济主权和文化主权完整的前提下,依据本国自然资源和社会资源的特性,走适合本国国情的现代化道路,才是正确的选择。

第三节 中国式现代化的理论内涵

中国式现代化是中国共产党领导全国各族人民,以马克思主义为指导思想,以科学社会主义为基本原则,以中华民族伟大复兴为历史使命,以基本国情和优秀传统文化为出发点,以维护广大人民

> 中国式现代化面面观

群众的根本利益为立足点,全面推进物质文明、政治文明、精神文明、社会文明、生态文明协调发展的中国特色社会主义现代化。

一、领导力量和建设主体

中国共产党是中国式现代化的领导力量,全国各族人民是中国式现代化的建设主体。"中国共产党一经诞生,就把为中国人民谋幸福、为中华民族谋复兴确立为自己的初心使命。"[①]中国共产党的奋斗历史就是为人民谋幸福、为民族谋复兴的历史;中国共产党的领导地位是历史的选择,也是人民的选择。"人民是历史的创造者,是真正的英雄。"[②]中国式现代化是全国各族人民团结一致、共同奋斗的伟大成果,全国各族人民是中国式现代化的建设主体。

首先,中国共产党是中国式现代化的领导力量。 一是,中国共产党领导全国各族人民夺取新民主主义革命胜利,为中国式现代化奠定了政治基础。 中国共产党是在制度竞争中,经过战争与炮火的洗礼,确立了中国式现代化的领导权。 清朝政府统治下的近代中国无法抵御西方列强的侵略,逐步沦为半殖民地半封建社会,国家蒙辱、人民蒙难、文明蒙尘,中华民族遭受了前所未有的劫难。 为了拯救民族,无数仁人志士前仆后继,兴起了以军事工业现代化为主体的洋务运动、以封建统治阶级为依托的政治改良运动和以民族资产阶级为基础的资产阶级革命等救国运动,但都以失败而告终。 只

---

① 习近平:《在庆祝中国共产党成立 100 周年大会上的讲话》(2021 年 7 月 1 日),《人民日报》2021 年 7 月 2 日。
② 习近平:《在庆祝中国共产党成立 100 周年大会上的讲话》(2021 年 7 月 1 日),《人民日报》2021 年 7 月 2 日。

有中国共产党才能救中国,只有中国共产党才能发展中国。中国共产党领导人民经过了北伐战争、土地革命战争、抗日战争和解放战争,无数革命先烈舍生取义、杀身成仁,最终取得了新民主主义革命的胜利,建立了人民当家作主的社会主义新中国,奠定了中国式现代化的政治基础。二是,中国共产党领导全国各族人民完成社会主义革命,开展社会主义建设,开启了中国式现代化。新中国成立之后,中国共产党带领全国各族人民完成了农业、手工业和资本主义工商业的社会主义改造,建立社会主义公有制,构建了中国式现代化的经济制度保障。同时,中国共产党领导新中国加入社会主义阵营,积极借鉴其他社会主义国家的建设经验,引进先进设备、技术和人才,推进"四个现代化"。三是,中国共产党领导全国各族人民进行改革开放,开创中国特色社会主义,推进中国式现代化。以邓小平同志为核心的第二代中央领导集体审时度势,抓住历史机遇,将经济建设确立为党和国家的工作重心,对内推进经济体制和政治体制改革,对外加强国际交往,广泛引进先进技术和设备,做出改革开放的伟大决策,开创中国特色社会主义。以江泽民同志为核心的第三代中央领导集体在推进物质文明建设和精神文明建设的同时,将政治文明建设提高到与前两者相同的高度并纳入中国式现代化内涵之中。以胡锦涛同志为总书记的党的第四代中央领导集体在"三位一体"总体布局的基础上,将社会文明和生态文明建设纳入总体布局,形成"五位一体"的总体布局,进一步丰富了中国式现代化的内涵。四是,新时代中国共产党领导全国各族人民坚持全面深化改革,坚持和发展中国特色社会主义,拓展中国式现代化。党的十八大以来,以习近平同志为核心的党中央始终坚持以人民为中

中国式现代化面面观

心的发展理念,在新的历史方位上,坚持全面深化改革,取得了经济、政治、文化、社会、生态、科教、外交和国防等诸多方面的巨大成就。 特别是胜利完成全面建成小康社会的历史任务,实现了第一个百年奋斗目标,达成了中华民族几千年来梦寐以求的小康夙愿。 在此基础上,进一步明确了"中国共产党的中心任务就是团结带领全国各族人民全面建成社会主义现代化强国、实现第二个百年奋斗目标,以中国式现代化全面推进中华民族伟大复兴"①。 总而言之,中国共产党的领导权是在新民主主义革命中确立的,是在社会主义革命、建设和改革开放中锤炼的。 中国共产党对中国式现代化的领导权是经得起历史和人民检验的。

其次,全国各族人民是中国式现代化的建设主体。 唯物史观认为,人民群众是历史的创造者,是物质文明和精神文明的创造者,是变革社会的决定性力量。 一是,人民群众是夺取新民主主义革命胜利的决定性力量。 抗日战争期间,以国共两党合作为基础,全国工人、农民、学生、城市小资产阶级和民族资产阶级联合形成的抗日民族统一战线,是夺取抗日战争胜利的决定性力量。 解放战争期间,广大人民群众积极投身革命、踊跃参军并组织后援,成为夺取新民主主义革命胜利的关键。 正如习近平总书记所指出的,"江山就是人民,人民就是江山。"②二是,人民群众是社会主义革命和建设的主体力量。 人民民主专政的新中国建立之后,人民当家作主有了制度保障。 广大人民群众积极投身社会主义革命和建设,使社会主

---

① 习近平:《为实现党的二十大确定的目标任务而团结奋斗》,《求是》2023 第 1 期。
② 习近平:《在庆祝中国共产党成立 100 周年大会上的讲话》(2021 年 7 月 1 日),《人民日报》2021 年 7 月 2 日。

第一章 现代化的先验性与经验性

义革命和建设取得了巨大成果。三是,人民群众是推进改革开放的主体力量。众所周知,"文化大革命"结束后,安徽省凤阳县凤梨公社小岗村"冒天下之大不韪",最早实行分田到户,连续几年获得大丰收,掀起了农村改革的浪潮。事实证明,人民群众的首创精神是改革开放不可或缺的基础。中国共产党始终坚持"发展为了人民、发展依靠人民、发展成果人民共享"的理念,更加全面地体现了人民群众是改革开放的主体力量这一客观事实。

中国共产党与广大人民群众是休戚与共的命运共同体。一是,中国共产党自诞生起,就把"为中国人民谋幸福,为中华民族谋复兴"作为初心和使命。党的十九大报告指出:"坚持人民主体地位,坚持立党为公、执政为民,践行全心全意为人民服务的根本宗旨,把人民对美好生活的向往作为奋斗目标,依靠人民创造历史伟业。"二是,中国共产党始终把人民高兴不高兴、人民拥护不拥护、人民满意不满意作为政府行政的出发点和归宿。三是,中国共产党的领导地位是人民的选择,是历史的选择。近代中国的各种救国方案中,中华民族选择了马克思主义。四是,广大人民群众坚定不移支持中国共产党的领导并积极投身社会主义的各项事业。中国共产党所取得的伟大成就离不开广大人民群众的支持和参与。无论是开天辟地的救国大业,还是改天换地的兴国大业,抑或是翻天覆地的富国大业和惊天动地的强国大业,广大人民群众都是中坚力量。

中国共产党是中国式现代化的领导力量,全国各族人民是中国式现代化的建设主体,中国共产党与广大人民群众荣辱与共,共同谱写了中华民族伟大复兴的华丽篇章。

二、指导思想和基本原则

党的二十大报告指出："马克思主义是我们立党立国、兴党兴国的根本指导思想。"十月革命给我们送来了马克思主义，马克思主义一经与中国革命实际相结合就爆发巨大的影响力。2023年2月7日，习近平总书记在新进中央委员会的委员、候补委员和省部级主要领导干部学习贯彻习近平新时代中国特色社会主义思想和党的二十大精神研讨班开班式上指出，中国式现代化，深深植根于中华优秀传统文化，体现科学社会主义的先进本质，借鉴吸收一切人类优秀文明成果，代表人类文明进步的发展方向，展现了不同于西方现代化模式的新图景，是一种全新的人类文明形态。[①] 马克思主义是开展中国式现代化的根本指导思想，中国式现代化是社会主义的现代化，科学社会主义是中国式现代化的基本原则。我们要深入学习贯彻习近平总书记重要讲话精神，以马克思主义科学理论为指导，坚持科学社会主义基本原则，不断深化对中国式现代化的科学认识。

首先，马克思主义及其中国化时代化成果是中国共产党推进中国式现代化的指导思想。

一是，马克思主义是资本主义文明土壤上盛开的社会主义之花，是超越资本逻辑、以人的解放为核心要义的先进理论。近代以来，中华民族饱受帝国主义的欺侮，中国人民对资本主义的殖民掠

[①] 《习近平在学习贯彻党的二十大精神研讨班开班式上发表重要讲话强调 正确理解和大力推进中国式现代化》，《人民日报》2023年2月8日。

夺有切肤之痛，中国人民不想走也不会走资本主义对内剥削、对外扩张的道路。马克思主义为中华民族和中国人民指明了新的方向。马克思主义理论一经传入中国，就吸引了无数仁人志士。马克思主义与中国工人运动相结合，中国共产党应运而生。中国共产党领导的马克思主义革命实践一经展开，就获得了亿万劳苦大众的支持。因此，马克思主义是我们党的理论之源。

二是，马克思主义中国化时代化的理论成果是中国式现代化不可或缺的思想武器。在革命战争年代，中国共产党经历了一段将马克思主义教条化、把苏联经验和共产国际的指示神圣化的教条主义时期，导致丧失中央苏区，被迫进行长征，险些葬送了党的事业。幸好以毛泽东、周恩来、张闻天和王稼祥等为代表的主要领导同志，果断制止了教条主义路线下的错误军事行动，才挽救了党和人民军队的有生力量，为革命胜利保留了难能可贵的"星星之火"。此后，中国共产党将马克思主义理论与中国革命的实际相结合，开启了马克思主义中国化进程。经过百年征程，中国共产党将马克思主义与中国革命、建设和改革的实际相结合，形成了毛泽东思想、邓小平理论、"三个代表"重要思想、科学发展观和习近平新时代中国特色社会主义思想等重大理论成果。这一系列重大理论成果既来源于中国革命、建设和改革的实践，又高于实践，是指导中国式现代化建设不可或缺的思想武器。

党的十八大以来，以习近平同志为主要代表的中国共产党人，坚持把马克思主义基本原理同中国具体实际相结合、同中华优秀传统文化相结合，科学回答了新时代坚持和发展什么样的中国特色社会主义、怎样坚持和发展中国特色社会主义等重大时代课题，创立了习近平新时代中国特色社会主义思想。党的二十大报告明确指出："十九大、十九届六中全会提出的'十个明确'、'十四个坚持'、'十三个方面成就'概括了这一思想的主要内容，必须长期坚持并不断丰富发展。"

"十个明确"是习近平新时代中国特色社会主义思想的核心内容。党的十八大以来，以习近平同志为主要代表的中国共产党人，坚持把马克思主义基本原理同中国具体实际相结合、同中华优秀传统文化相结合，以巨大的政治智慧和理论勇气，创立了习近平新时代中国特色社会主义思想。党的十九届六中全会通过的《中共中央关于党的百年奋斗重大成就和历史经验的决议》概括了"十个明确"，即明确中国特色社会主义最本质的特征和中国特色社会主义制度的最大优势；明确坚持和发展中国特色社会主义的总任务；明确新时代我国社会的主要矛盾；明确中国特色社会主义事业总体布局和战略布局；明确全面深化改革总目标；明确全面推进依法治国总目标；明确必须坚持和完善社会主义基本经济制度；明确党在新时代的强军目标；明确中国特色大国外交；明确全面从严治党的战略方针，这是习近平新时代中国特色社会主义思想的核心内容，集中体现了以习近平同志为核心的党中央对中国特色社会主义建设规律的新认识。

"十四个坚持"是习近平新时代中国特色社会主义思想中的"基本方略"。党的十九大报告概括了"十四个坚持"，并称之为"新时代坚持和发展中国特色社会主义的基本方略"，即坚持党对一切工作的领导、坚持以人民为中心、坚持全面深化改革、坚持新发展理念、坚持人民当家作主、坚持全面依法治国、坚持社会主义核

第一章 现代化的先验性与经验性

心价值体系、坚持在发展中保障和改善民生、坚持人与自然和谐共生、坚持总体国家安全观、坚持党对人民军队的绝对领导、坚持"一国两制"和推进祖国统一、坚持推动构建人类命运共同体、坚持全面从严治党,这既是习近平新时代中国特色社会主义思想的重要组成部分,也是党在实践中全面贯彻落实这一重要思想的基本要求。

"十三个方面成就"是习近平新时代中国特色社会主义思想的重要组成部分。《中共中央关于党的百年奋斗重大成就和历史经验的决议》在"开创中国特色社会主义新时代"部分,系统概括总结了党的十八大以来以习近平同志为核心的党中央推动党和国家事业在坚持党的全面领导、全面从严治党、经济建设、全面深化改革开放、政治建设、全面依法治国、文化建设、社会建设、生态文明建设、国防和军队建设、维护国家安全、坚持"一国两制"和推进祖国统一、外交工作等十三个方面取得的历史性成就,这既是在习近平新时代中国特色社会主义思想指导下取得的重大成就,又为习近平新时代中国特色社会主义思想的创新发展提供了现实基础和实践动力。

习近平新时代中国特色社会主义思想是对马克思列宁主义、毛泽东思想、邓小平理论、"三个代表"重要思想、科学发展观的继承和发展,是当代中国马克思主义、二十一世纪马克思主义,是中华文化和中国精神的时代精华,是党和人民实践经验和集体智慧的结晶,是中国特色社会主义理论体系的重要组成部分,是全党全国人民为实现中华民族伟大复兴而奋斗的行动指南,必须长期坚持并不断发展。广大党员干部要全面学习领会习近平新时代中国特色社会主义思想,全面系统掌握这一思想的基本观点、科学体系,把握好这一思想的世界观、方法论,坚持好、运用好贯穿其中的立场观点方法，不断增进对党的创新理论的政治认同、思想认同、理论认同、情感认同，真正把马克思主义看家本领学到手，自觉以习近平新时代中国特色社会主义思想为指导，深入推进中国式现代化的各项工作。

其次，科学社会主义是中国式现代化的基本原则。

一是，中国式现代化是社会主义的现代化，必须坚持科学社会主义基本原则。国际共产主义运动的历史证明，改旗易帜的邪路和封闭僵化的老路既走不通也不能走，一旦行差踏错，就会给党和国家带来颠覆性的灾难。东欧剧变和苏联解体正如一面历史之镜，时刻警醒着中国共产党和中国人民：中国式现代化只能在坚持科学社会主义基本原则的前提下，以本国的基本国情为出发点，不断推进改革开放，吸收和借鉴其他民族创造的先进文化，走中国特色的社会主义道路。

二是，中国式现代化超越资本逻辑，是利用资本、驾驭资本的现代化，必须坚持科学社会主义原则。中国式现代化突破了传统社会主义将计划与市场二元对立的旧思维，将市场经济作为发展的重要手段。市场经济离不开资本，而资本固有的野蛮扩张的本性又会导致资本对人的奴役。科学社会主义内在地包含了克服资本主义固有矛盾、抑制资本野蛮扩张的原理和方法。改革开放以来，中国共产党始终坚持科学社会主义原则，坚持全心全意为人服务的根本宗旨，毫不动摇坚持巩固和发展公有制经济，毫不动摇鼓励、支持、引导非公有制经济发展，建成了利用资本、驾驭资本、抑制资本野蛮扩张的中国特色社会主义市场经济体制。

三是，中国式现代化是追求人的自由全面发展的现代化，必须坚持科学社会主义原则。习近平总书记强调,"现代化的最终目标是实现人自由而全面的发展。"①科学社会主义是指导人类克服以物的依赖性为基础的人的独立性,培育人的自由个性,进而获得自由全面发展的理论。因此,中国式现代化必须坚持科学社会主义的原则。

三、基本国情和优秀传统文化

以中国式现代化推进中华民族伟大复兴,必须以我国的基本国情和优秀传统文化为出发点。正如习近平总书记在党的二十大报告中所强调的,"只有把马克思主义基本原理同中国具体实际相结合、同中华优秀传统文化相结合,坚持运用辩证唯物主义和历史唯物主义,才能正确回答时代和实践提出的重大问题"②。

首先,以中国式现代化推进中华民族伟大复兴,必须以我国的基本国情为出发点。

一是,从基本国情出发,就是要把马克思主义基本原理同中国具体实际相结合。中华民族伟大复兴的不同时期会面临不同问题。在新民主主义革命、社会主义革命和建设时期,表现为如何夺取革命胜利和建立社会主义基本制度等一系列重大问题;在改革开放和社会主义建设新时期,表现为"什么是社会主义、怎样建设社会主义""建设什么样的党、怎样建设党""新形势下实现什么样的发展、

---

① 习近平:《携手同行现代化之路——在中国共产党与世界政党高层对话会上的主旨讲话》(2023年3月15日,北京),《人民日报》2023年3月16日。
② 习近平:《高举中国特色社会主义伟大旗帜 为全面建设社会主义现代化国家而团结奋斗》(2022年10月16日),《人民日报》2022年10月26日。

中国式现代化面面观

怎样发展"等一系列重大问题;在中国特色社会主义新时代,表现为"新时代坚持和发展什么样的中国特色社会主义、怎样坚持和发展中国特色社会主义,建设什么样的社会主义现代化强国、怎样建设社会主义现代化强国,建设什么样的长期执政的马克思主义政党、怎样建设长期执政的马克思主义政党等重大时代课题"[①]。要回答这些时代问题,必须通过调查研究,坚持实事求是,了解基本国情,掌握基本国情,从基本国情出发,将马克思主义基本原理同中国具体实际相结合,才能稳步推进中国式现代化。改革开放前的一段时间内,中国共产党曾经因误判国际国内形势,脱离具体实际,错误地开展各种政治运动,一定程度上阻碍了或延滞了中华民族伟大复兴的进程。

二是,从基本国情出发,必须坚持问题导向。问题导向是我们党重要的思想方法和工作方法。人类认识世界、改造世界的过程,就是一个发现问题、解决问题的过程。问题就是事物的矛盾,哪里有没有解决的矛盾,哪里就有问题。实践发展永无止境,矛盾运动永无止境,旧的问题解决了,又会产生新的问题。问题是时代的声音,每个时代总有属于它自己的问题。只有树立强烈的问题导向,才能实事求是地认识问题,才能找到引领时代进步的路标。前面我们曾经提及的不同时期的时代问题,都是方向性的宏观理论性问题,现在我们所讲的问题,是改革开放中遇到的中观或者微观问题。例如,改革开放之初,我们面临的最大问题是人民群众的温饱

---

① 《中共中央关于党的百年奋斗重大成就和历史经验的决议》,《人民日报》2021年11月17日。

问题；随着改革开放不断深入，我国逐步融入世界经济体系，面临的是如何从"引进来"转向与"走出去"并举的问题；临近跨世纪，面临的是如何完成初步建成小康社会的问题；进入新时代，我们曾经面临如何夺取全面建成小康社会伟大胜利并开启全面建设社会主义现代化国家新征程等问题。

三是，从基本国情出发，必须坚持"摸着石头过河"与顶层设计的辩证统一。我们做的事是前无古人的，我们是先行者、探索者，没有人给我们提供现成的经验，我们只能在不断的试错过程中摸索经验，也就是"摸着石头过河"。改革的措施通过局部试点，经过了实践检验，我们就要从顶层设计角度加以推广，以防付出过高的发展代价或者发生颠覆性的错误。

其次，以中国式现代化推进中华民族伟大复兴，必须以中华优秀传统文化为出发点。

所谓以中华优秀传统文化为出发点，就是"要坚定文化自信，推动中华优秀传统文化创造性转化、创新性发展，继承革命文化，发展社会主义先进文化，不断铸就中华文化新辉煌，建设社会主义文化强国"[①]。

一是，社会主义文化现代化是中国式现代化的题中之义，中华优秀传统文化是社会主义文化现代化的"沃土"。"中华优秀传统文化源远流长、博大精深，是中华文明的智慧结晶，其中蕴含的天下为公、民为邦本、为政以德、革故鼎新、任人唯贤、天人合一、自强

---

① 习近平：《在教育文化卫生体育领域专家代表座谈会上的讲话》（2020年9月22日），《人民日报》2020年9月23日。

中国式现代化面面观

不息、厚德载物、讲信修睦、亲仁善邻等,是中国人民在长期生产生活中积累的宇宙观、天下观、社会观、道德观的重要体现,同科学社会主义价值观主张具有高度契合性。我们必须坚定历史自信、文化自信,坚持古为今用、推陈出新,把马克思主义思想精髓同中华优秀传统文化精华贯通起来、同人民群众日用而不觉的共同价值观念融通起来"①。推动社会主义文化现代化,必须坚定历史自信、文化自信。

二是,中国特色社会主义是中华民族跨越式发展的结果,在吸收资本主义先进文化成果的同时,要善用中华优秀传统文化的合理基因,抵制拜金主义、享乐主义、极端个人主义和历史虚无主义等错误思潮的侵袭,弘扬社会主义核心价值观。中华民族没有经历完整形态的资本主义阶段,或者说,是在民族资产阶级发育不良的情况下,进入了共产主义的初级阶段(社会主义)。我国正处于并将长期处于社会主义初级阶段,我们要广泛吸收资本主义的先进文化成果,助推社会主义文化建设。在吸收资本主义先进文化成果的同时,不可避免地会遭遇形形色色的错误社会思潮,我们要弘扬中华优秀传统文化抵制这些错误思潮。

三是,以中国式现代化推进中华民族伟大复兴、创造人类文明新形态,离不开中华优秀传统文化的创造性转化和创新性发展。中国式现代化创造了人类文明新形态,其思想一部分来源于马克思主义,另一部分来自于中华优秀传统文化。两千多年前,中华民族就

---

① 习近平:《高举中国特色社会主义伟大旗帜 为全面建设社会主义现代化国家而团结奋斗》(2022年10月16日),《人民日报》2022年10月26日。

已经有民族融合、文化互鉴、共同发展的先例,如秦国与西戎(义渠)的联盟、赵国与北狄的融合性发展(赵武灵王"胡服骑射"改革)等。西汉和盛唐是中华民族发展的两个高峰期,这些时期里,各民族文化平等互鉴、相互交流,实现了共同发展。以中华优秀传统文化创新性发展和创造性转化,继承革命文化,借鉴其他民族先进文化而创造的中国特色社会主义先进文化,一定能够超越资本主义宣扬的文明隔阂论、文明冲突论或文明优越论,成为人类文明新形态的重要组成部分。

四、维护广大人民群众的根本利益

维护广大人民群众的根本利益是马克思主义的内在要求,是中国共产党人初心和使命的题中之义。以中国式现代化推进中华民族伟大复兴,必然要求维护广大人民群众的根本利益。

维护广大人民群众的根本利益是马克思主义的内在要求。一是,人民性是马克思主义的本质属性,必然要求维护广大人民群众的根本利益。马克思主义政治经济学指出,资本主义的秘密在于资本家无偿占有工人创造的剩余价值。科学社会主义指出,无产阶级只有通过阶级革命,推翻资产阶级的统治,实行无产阶级专政,扬弃资本主义私有制,建立社会公有制,实行按劳分配制度,才能解放自身。马克思主义揭露了资本主义的秘密,倡导通过阶级革命消灭剥削,其根本目的就在于使人民共享劳动成果,即维护广大人民群众的根本利益。二是,群众史观认为,人民群众是历史的创造者,是变革社会的决定性力量,必然要求维护自身的根本利益。从

中国式现代化面面观

近代史来看,人民群众是夺取抗日战争和解放战争胜利的决定性力量,是社会主义革命和建设的主体力量,是推进改革开放的主体力量,必然要求维护自身的根本利益。

维护广大人民群众的根本利益是中国共产党人初心和使命的题中之义。一是,中国共产党人的初心和使命是"为中国人民谋幸福,为中华民族谋复兴"。这一初心使命内在地包含了维护广大人民群众根本利益的要求。二是,中国共产党人没有任何自己特殊的利益,是与广大人民群众休戚与共的共同体,始终坚定维护广大人民群众的根本利益。《共产党宣言》指出:"共产党人不是同其他工人政党相对立的特殊政党。他们没有任何同整个无产阶级的利益不同的利益。"[1]中国共产党是以马克思主义为指导的执政党,遵循科学社会主义的基本原则,"始终代表最广大人民根本利益,与人民休戚与共、生死相依,没有任何自己特殊的利益,从来不代表任何利益集团、任何权势团体、任何特权阶层的利益"[2],能够维护并坚决维护广大人民群众的根本利益。

中国特色社会主义制度克服了资本主义国家与市民社会的二元对立,实现了中国共产党领导下国家利益与人民利益的统一。资本主义社会中,国家与市民社会是二元对立的。国家作为资产阶级维护自身利益的统治工具,与广大无产阶级的利益是对抗性的。我国经历了社会主义革命,完成了农业、手工业和资本主义工商业的改造,建立了生产资料公有制,消灭了剥削阶级。改革开放以来,我

---

[1]《马克思恩格斯文集》(第一卷),人民出版社2009年版,第44页。
[2] 习近平:《在庆祝中国共产党成立100周年大会上的讲话》(2021年7月1日),《人民日报》2021年7月2日。

国建立了以公有制经济为主体、多种所有制经济共同发展的基本经济制度。公有制的主体地位消解了剥削阶级存在的经济基础，因此，也就克服了国家与市民社会的二元对立，实现了中国共产党领导下国家利益与人民利益的统一。这样，以中国式现代化推进社会主义强国建设，全面推进中华民族伟大复兴便与维护广大人民群众的根本利益保持了高度一致。

五、"五位一体"的文明建设

习近平总书记在十八届中央政治局第九次集体学习时的讲话指出："我国现代化同西方发达国家有很大不同。西方发达国家是一个'串联式'的发展过程，工业化、城镇化、农业现代化、信息化顺序发展，发展到目前水平用了二百多年时间。我们要后来居上，把'失去的二百年'找回来，决定了我国发展必然是一个'并联式'的过程，工业化、信息化、城镇化、农业现代化是叠加发展的。"[①]中国式现代化遵循了整体性文明逻辑，遵循了"并联式"现代性逻辑，形成了"全面协调现代化战略"，构建了蕴含物质文明、政治文明、精神文明、社会文明和生态文明等五大文明的人类文明新形态。

"五位一体"文明建设经历了一个不断发展的过程。1978年党的十一届三中全会确立了党和国家工作重心的转移，即结束"以阶级斗争为纲"的错误路线，开展以经济建设为中心的现代化建设。1982年，党的十二大明确提出"把我国建设成为高度文明、高度民

---

① 《习近平关于社会主义经济建设论述摘编》，中央文献出版社2017年版，第159页。

中国式现代化面面观

主的社会主义国家"①的中心任务。这标志着我们党将"物质文明"和"精神文明"两大文明建设作为我国现代化建设的总体布局。1987年,党的十三大明确将"把我国建设成为富强、民主、文明的社会主义现代化国家"②作为党在社会主义初级阶段基本路线的重要内容。2002年,党的十六大指出:"全面建设小康社会,开创中国特色社会主义事业新局面,就是要在中国共产党的坚强领导下,发展社会主义市场经济、社会主义民主政治和社会主义先进文化,不断促进社会主义物质文明、政治文明和精神文明的协调发展,推进中华民族的伟大复兴。"③至此,"三位一体"的文明建设拉开了帷幕。2005年,胡锦涛同志提出:"中国特色社会主义事业的总体布局,更加明确地由社会主义经济建设、政治建设、文化建设三位一体发展为社会主义经济建设、政治建设、文化建设、社会建设四位一体。"④2007年,党的十七大报告首次按照"四位一体"的总体布局论述中国特色社会主义道路和基本纲领,标志着"四位一体"总体布局正式确立。2008年9月,胡锦涛同志在全党深入学习实践科学发展观活动动员大会上发表重要讲话指出,"全面推进社会主义经济建设、政治建设、文化建设、社会建设以及生态文明建设,努力加快实现以人为本、全面协调可持续的科学发展。"⑤至此,"五位一体"总体布局初步形成。2012年11月,党的十八大把生态文明建

---

① 《十二大以来重要文献选编》(上),人民出版社1986年版,第13页。
② 《改革开放三十年重要文献选编》(上),中央文献出版社2008年版,第477页。
③ 《江泽民文选》(第三卷),人民出版社2006年版,第574页。
④ 《十六大以来重要文献选编》(上),人民出版社2006年版,第1025页。
⑤ 《十七大以来重要文献选编》(上),人民出版社2009年版,第570页。

设放在突出地位，纳入中国特色社会主义事业总体布局，使中国特色社会主义事业总体布局从"四位一体"拓展为"五位一体"。后来在新修改的党章中也增添了"五位一体"总体布局的相关内容，这标志着"五位一体"总体布局正式确立下来。①

"五位一体"文明建设具有"并联式"特征。一是，中国提出"五位一体"文明建设的时间跨度约30年，相对西方发达国家横跨两三百年的"串联式"现代化历程，我们的发展呈现出"并联式"的特征。二是，"并联式"现代化是一种复杂的现代化，是在"时空压缩"条件下进行的现代化。"压缩"包括了发展时间压缩、发展任务压缩和发展问题压缩。发展时间压缩指西方发达国家用二三百年走过的现代化道路，我们压缩到用40年左右的时间完成。发展任务压缩指西方发达国家用较长时间完成的现代化任务，我们压缩到用较短时间较快地完成。发展问题压缩指西方发达国家在二三百年现代化进程中依次出现的各种阶段性、不同性质的问题，在中国集中压缩到较短时间中同时出现。三是，"并联式"现代化在实践进程中面临"双重压力"，一方面是实现第一次现代化（工业化、城市化、市场化）的压力；另一方面是快速进入并奋力完成第二次现代化（信息化、智能化、生态化）的压力。双重压力体现在现代性评价标准上，就是要处理好一系列"矛盾"关系，如生产与生态的关系（既要解放和发展生产力又不能破坏生态环境），公平与效率的关系（既要提升社会公平、促进社会进步又不能影响经济发展），自由与秩序的关系（既要提升人的自由解放、促进人的全面发展又不能过

---

① 秦宣：《中国式现代化的历史逻辑探析》，《当代中国史研究》2022年第2期。

度分化、损害社会和谐)等。总之,复杂的社会现实决定了单一的经典现代化理论无法解决中国问题,我们必须用复杂现代性思维观察现代化进程中的各种挑战,最终完成中国现代化的历史任务。

"并联式"的"五位一体"文明建设创造了人类文明新形态。中国式现代化选择"并联式"发展战略在理论上的合法性来自于两点:一是,人类文明发展是渐序发展与跨越式发展的统一。在特定条件下,人类文明尤其物质文明可以实现跨越式发展。针对否定俄国跨越式发展可能性的观点,马克思指出:"俄国为了采用机器、轮船、铁路等等,是不是一定要像西方那样先经过一段很长的机器工业的孕育期呢?同时也请他们给我说明:他们怎么能够把西方需要几个世纪才建立起来的一整套交换机构(银行、信用公司等等)一下子就引进到自己这里来呢?"①中国创造人类文明形态,可以瞄准世界先进技术水平,顺应信息化潮流,实现生产力和科学技术的跨越式发展。二是,人类文明发展是统一性和多样性的辩证统一。人类文明从农业文明、工业文明到信息文明不断演变,这是文明发展的普遍规律,具有统一性,东西方发展都遵循这一客观规律。但是,不同国家、不同民族在文明发展过程中具有不同的特点、形式和路径等,这是文明发展的特殊形态,是多样性。"并联式"发展战略体现的正是中国独特的文明发展道路,即人类文明新形态。

---

① 《马克思恩格斯文集》(第三卷),人民出版社2009年版,第571页。

第二章

中国式现代化的历史全景

中华民族是伟大的民族,曾经创造了光辉灿烂的古代文明,为人类社会的发展和进步作出了不可磨灭的贡献。近代以来,在以机器工业为主导的现代化进程中,中华民族没能迎头赶上,一直以自给自足的小农经济作为经济基础,虽然保有巨大的经济总量,但生产力水平相对落后。鸦片战争之后,清朝政府无法抵御外侮,被动卷入世界殖民体系,逐步沦为半殖民地半封建社会,中华民族遭受了前所未有的劫难。为了拯救民族危亡,中国人民奋起反抗,仁人志士奔走呐喊,太平天国运动、洋务运动、戊戌变法、义和团运动、辛亥革命等救国方案轮番出台,虽然激发了旧中国回光返照式的求生本能,但最终都以失败而告终。中国迫切需要新的思想引领救亡运动、引领彻底的社会革命,迫切需要新的现代化政党凝聚共识、凝聚力量。

十月革命一声炮响,给中国送来了马克思列宁主义。马克思列

> 中国式现代化面面观

宁主义一经传入中国,就落地生根,引领广大青年学生积极参加革命运动,指导广大工人发起工人运动。中国人民和中华民族因救亡图存的共同夙愿而觉醒,中国共产党应运而生。中国共产党一经诞生,就肩负起"为中国人民谋幸福、为中华民族谋复兴"的历史使命。经过28年艰苦卓绝的斗争,中国共产党领导中国人民取得了决定性的胜利,建立了中华人民共和国。"在新中国成立特别是改革开放以来长期探索和实践基础上,经过十八大以来在理论和实践上的创新突破,我们党成功推进和拓展了中国式现代化。"[①]从现代化的视角看,鸦片战争以来的中国近代史可分为两个阶段:第一阶段为1840年鸦片战争至1949年新中国成立,是中华民族现代化的探索时期;第二阶段为1949年新中国成立至今,是中国式现代化阶段。

第一节 中华民族现代化的探索阶段

鸦片战争以来,清朝政府在推动社会发展方面乏善可陈,在抵御外侮方面一败涂地,签订了一系列丧权辱国的不平等条约,国土疆域被列强蚕食,社会财富急剧流失,经济主权不断丧失,导致民生凋敝。中华民族面临前所未有的困局,士大夫阶层最先意识到,

---

[①] 习近平:《高举中国特色社会主义伟大旗帜 为全面建设社会主义现代化国家而团结奋斗》(2022年10月16日),《人民日报》2022年10月26日。

要化解危机,就必须向西方诸强国学习。此后,各种救国方案相继登上历史舞台,开启了中华民族现代化的探索历程。最先主导中华民族现代化的是洋务派,开启了向西方学习"器物文明"的时代,我们称之为"兵工洋务时期"(1840—1894年)。其后,改良派和革命派争夺中华民族现代化的领导权,最终以革命派的胜利而告终。这一时期的主要特征是学习西方的"制度文明",称之为"政经西化时期"(1895—1911年)。第三阶段是中华民国建立之后,封建残余势力、民族资产阶级代表、无产阶级代表争夺中华民族现代化领导权,最终中国共产党领导无产阶级取得决定性胜利,我们称之为"权威危机与重建时期"(1912—1949年)。

一、兵工洋务时期

鸦片战争后一系列的军事失败给清朝政府以沉重的打击,不再以"天朝上国"自居。为了维护自身的统治地位,清朝政府开展了以军事工业为主体的自救运动,即"洋务运动"。洋务运动被看作是中华民族探索现代化的开端。

(一)太平天国运动及其影响

研究洋务运动,绕不开太平天国运动。太平天国运动既有中国传统农民起义的性质,又有西方意识形态的性质。这场席卷大半个中国且持续长达十数年之久的农民运动,一定程度上缓解了传统社会内部的基本矛盾,改变了官僚体制内官员的组织构成,对中华民族的现代化探索有深刻的影响。

太平天国运动由中华民族的内忧和外患两方面原因引发,具有

中国式现代化面面观

与以往的农民运动不同的显著特征。内忧方面，土地兼并严重，"人口—土地"矛盾激化，民不聊生。自清军入关（1644 年）至太平天国举事（1851 年），已历时 207 年，中间经历"康乾盛世"。但乾隆后期，清朝政府开始走下坡路，满清统治集团骄奢淫逸，官场上卖官鬻爵、吏治腐败，经济上土地兼并严重，社会上民生凋敝、民族矛盾加剧。这其中最根本的矛盾，是经济基础方面的矛盾，即"人口—土地"矛盾。满清统治集团为了维持荒淫无度的奢侈生活，不断推行土地兼并，大量农民失去土地，成为佃户。另一方面，自康熙平三藩（1681 年）、收复台湾（1683 年）、驱逐沙俄（1689 年）和征伐噶尔丹（1698 年）后，清朝政府基本没有经历太大的战事，全国人口也迅速增长。据统计，1851 年全国人口约为 4.3 亿。因此，满清统治集团不断实行的土地兼并，与全国人口增长之间形成了不可调和的基本矛盾。外患方面，丧权辱国的不平等条约使国家蒙辱、人民蒙难、文明蒙尘。因鸦片战争失败，清朝政府与英国政府签订了丧权辱国的第一个不平等条约《南京条约》（1842 年），其后又与美国签订了《望厦条约》（1844 年），与法国签订了《黄埔条约》（1844 年）。这三个条约构成了中国不平等条约体系的基石，危害国家领土完整、侵害经济主权，使中国人民处于水深火热之中。

太平天国运动的兴起与以往的农民运动不同，有一个鲜明的特征——借助了西方基督教的思想。"洪秀全创拜上帝会①，自称天父

---

① 拜上帝会，也称"拜上帝教""太平基督教"，是洪秀全、冯云山创立的太平天国宗教组织。道光二十三年（1843 年），洪秀全从《劝世良言》中吸取某些基督教教义，开始拜上帝，劝人"改邪归正"。道光二十七年，冯云山在广西桂平紫荆山区创立拜上帝会。一说并未正式建立。

第二章 中国式现代化的历史全景

耶和华之子,基督之弟,用'在上帝面前人人平等'的口号组织和动员民众,其意识形态显然具有浓厚的西化色彩,是中国式的基督教。"① 前文所述三个条约都规定,英、法、美三国均拥有在华传教和租地建房的权利。西方的基督教传教士进入中国开设教堂,进行传教,这就引起了中西方思想文化在非官方领域的碰撞、竞争与融合。

1851 年初,洪秀全、杨秀清、萧朝贵和石达开等人在广西发动"金田起义",建号太平天国。起义军称太平军,封五军主将,颁布简明军纪,标志着太平天国运动正式拉开帷幕。1853 年,太平军攻克江宁(今南京),改称天京,定都于此,并派军攻占镇江和扬州两城,与天京成犄角之势。同年,颁布《天朝田亩制度》,满足农民"耕者有其田"的夙愿。后清朝政府建江南大营阻扼太平军东出苏州、常州,建江北大营遏止太平军北上中原。太平天国领导集团决定,洪秀全、杨秀清固守天京,派林凤祥和李开芳挥师北伐,派胡以晃、赖汉英披挂西征。北路军一路北上,进入直隶(今河北),最终因孤军深入,全军覆没。西路军经过与湘军激战,基本完成既定目标,后因回援天京,西征结束。1856 年 4 月,太平军破江南大营,6 月破江北大营,解天京之围。太平天国运动至此达到最高峰,其后由于内讧由盛转衰。杨秀清居功自傲,1856 年 8 月逼迫洪秀全封他为"万岁"。洪秀全密令韦昌辉、石达开回京救援,韦昌辉诛杀杨秀清及其部众数万人。后韦昌辉因滥杀无辜,被洪秀全处死。1857 年,石达开因遭洪秀全猜忌,负气出走,独立作战,1863 年兵

---

① 金观涛、刘青峰:《开放中的变迁》,法律出版社 2010 年版,第 52 页。

中国式现代化面面观

败大渡河畔。1858年,清朝政府重建江南、江北大营,围攻天京。1864年,曾国藩、左宗棠和李鸿章率领各部合围天京,取得最终胜利,轰轰烈烈的太平天国运动落下了帷幕。

太平天国运动具有重大的历史影响。一是,太平天国运动以极为残酷的方式缓解了19世纪中后期的"人口—土地"危机,为洋务运动提供了有利的国内环境。有研究表明,1851—1865年的14年间,全国人口由4.3亿骤降至3.18亿,减少1.12亿人,下降26.05%。[①]另一方面,大动乱沉重打击了地主阶级,缓解了土地兼并导致的土地危机。据统计,至20世纪20年代,我国仍有50%的农民自有土地[②]。二是,太平天国运动改变了清朝政府官僚体制的人员结构,为洋务运动提供了人才保障。曾国藩、左宗棠和李鸿章等汉族儒臣都是在剿灭太平军的过程中逐步发展起来的,后来成为清朝政府的国之支柱。据统计,1840年,满汉总督比1∶0.75,满汉巡抚比1∶2.3,1866年,满汉总督比1∶6.5,满汉巡抚比1∶12。经过太平天国运动的洗礼,大批有为的汉族儒生进入官僚机构,为清朝政府注入了新鲜血液。史学家经常提到一个故事:湘军将领胡林翼看到外国轮船"鼓轮西上,迅如奔马,疾如飘风"后,深感刺激,不禁色变吐血。他说:"太平军不足平,不成问题,倒是江面上的轮船,来日大难,不是我们所及料的了。"[③]胡林翼算是这一批有远见的儒臣代表之一。这些儒臣大多注重实际,信奉儒家经世致用学说,为此后的洋务运动提供了人才支撑和思想基础。

---

① 葛剑雄:《中国人口发展史》,福建人民出版社1991年版,第253页。
② 何炳棣:《1368—1953中国人口研究》,上海古籍出版社1989年版,第219、244页。
③ 曹聚仁:《中国近代百年史话》,创垦出版社(香港)1953年版,第5页。

2021年,在庆祝中国共产党成立100周年大会上,习近平总书记将太平天国运动划入失败的救国方案之列。太平天国运动历时14年,席卷大半个中国,是中华民族历史上持续时间久、涉及范围广、参与人员多的一次农民运动。太平天国运动遭到了中外势力的共同镇压,具有反帝反封建双重性质。太平天国颁布了一系列政策法令,虽未全部彻底执行,但整体上来讲,对破解社会矛盾,推动社会发展有一定的积极作用。太平天国运动具有农民阶级革命运动的局限性。太平天国是君权与神权相结合的政权组织,统治集团内部权力斗争不断,争权夺利、相互猜忌、搞大清洗,不符合政治现代化的要求。太平天国的土地政策满足小农经济平均主义要求,虽然能够缓解"人口—土地"危机,有利于恢复生产,但不符合经济现代化的要求。总而言之,太平天国运动是中国近代史上规模巨大、影响深远的一次反帝反封建的农民运动,是中华民族一次失败的救国尝试。运动本身的阶级局限性,决定了它无法取得最终的胜利。

(二)洋务运动的兴起与失败

"师夷长技以制夷",30多年的洋务运动被看作中华民族现代化的第一次尝试。西方列强凭借强大的军事力量沉重打击了清朝政府,尤其是第二次鸦片战争期间,英法联军攻占北京,火烧圆明园,让封建统治阶级痛定思痛,其后便开始了以军事工业现代化为主体的洋务运动。

洋务运动的发起者由两股力量组成,一是中央政府的"总理各国事务衙门";二是曾国藩、左宗棠、李鸿章和张之洞等湘淮集团及

中国式现代化面面观

张謇、崇厚、沈葆桢等进步人士。1861年,清朝政府开设"总理各国事务衙门"(以下简称"总理衙门"),负责办理洋务及外交事务、派出驻外国使节,并兼管通商、海防、关税、路矿、邮电、军工、同文馆、派遣留学生等事务,其核心要务是发展国防军事工业。总理衙门是早期倡导洋务运动的策源地,也是后期统筹洋务运动的总枢纽。曾国藩、左宗棠、李鸿章和张之洞等封疆大吏是洋务运动的执行者和推动者。总理衙门和这些主张洋务运动的地方大员被称为"洋务派"。清朝政府还存在一批反对搞洋务运动的守旧势力,以同治皇帝的老师倭仁、工部侍郎宋晋及部分地方大员为主,被称为"顽固派"。慈禧太后在内外交困的形势下,选择了暂时倚仗洋务派。洋务运动早期的军事工业一般由国家官僚机构直接投资兴办,也就是官办。洋务运动前期,洋务派以"自强"为旗号,采用西方先进生产技术,创办了一批近代军事工业,如江南机器制造总局、金陵制造局、福州船政局、天津机器局等一批大型机械化军事工业。短短几年,中国就已经具备了铸铁、炼钢以及生产各种军工产品的能力,生产包括大炮、枪械、弹药、水雷和蒸汽轮船等新式武器,并装备了一些新式军队。据学者张玉法《清末民初的官办工业:1860—1916》中统计,1861—1885年,清朝政府共创办了31家大型的官办企业,其中30家都集中在制造船舶、制造火炮、制造机械等军工产业,只有1家是毛呢厂。

随之,洋务运动进行了拓展。一是兴办军事配套和民工工业。随着军事工业的发展,洋务派逐渐认识到国防军工现代化需要大量的配套产业,国家无力包揽这一切。与此同时,洋务派还意识到为了维护民族利益,必须发展民族经济,与洋人"商战""争利"。因此，他们提出了"求富"的口号，鼓励动员乡绅地主参与其中，官督商办应运而生。1872年，李鸿章在上海建立轮船招商局，这是洋务派创办的第一个民用企业。学者张玉法《近代中国工业发展史（1860—1916）》披露，轮船招商局开办3年时间，就为清政府回收白银1300多万两，同时还在国外发展业务，打破了外国航运公司的垄断局面。洋务运动期间，民营工业共创办企业151家。这些企业主要是军事工业的配套企业，其中也不乏民生企业，如纺织业、自来水厂、玻璃制造、发电厂、制药、印刷、机器缫丝、造纸和印刷等。二是开办新式学堂，开创中国近代化教育的新篇章。洋务派为了培养中国自己的军事人才，开办了一批军事学堂，如天津北洋水师学堂、广州鱼雷学堂、上海操炮学堂和江南陆军学堂等；开办一批技术学堂，如上海机械学堂、天津电报学堂等；开办外语性质的学堂，如京师同文馆、上海广方言馆等。三是选派留学生。在中国开展军事人才和技术人才的培养，始终难以学得西方自然科学的精髓。同时，洋务派担心，仅仅依靠聘请的外国人培养人才，如若办理不当，流弊甚深，因此他们在19世纪60年代就提出了派遣留学生的倡议，但因顽固派的反对，一直未能施行。直到19世纪70年代，洋务派才派遣四批120名幼童赴美国留学。19世纪80年代，分两批派遣船政局和北洋水师学堂的20名学生赴欧洲留学。四是翻译外文书籍，创办报纸。以京师同文馆、上海广方言馆和江南制造局的译书馆为中心，大量翻译西方科技著作和人文社科类著作。洋务派创办《申报》《万国公报》《西国近事汇编》和《循环日报》等。西方著作的翻译出版和报刊创办，打破了中西文化的壁垒，促进了中西文化的交流、互鉴和融合发展。

> 中国式现代化面面观

洋务运动终归以失败告终。甲午海战，中国战败，北洋水师全军覆没，洋务运动的最大成果付之一炬，代表着兵工洋务时期的落幕。洋务运动是中华民族现代化的第一次尝试，对中华民族的发展有一定积极作用。它创办军事工业和配套民工工业，开启了中华民族工业化的先河，促进了民族资本主义的发展；创办新式教育并引进西方科学技术，打破了科举考试选拔人才的垄断局面；翻译外文书籍、创办报纸，打破中西文化壁垒，促进文化融合发展。洋务运动属于封建统治阶级发起的自救运动，无法克服自身的阶级局限性，始终坚持"中学为体，西学为用"的原则，仅仅学习西方的器物文明，死死坚守腐朽而没落的君主专制和宗法制度。在列强横行的社会达尔文主义之下，历史没有给中华民族预留出缓慢发展的时间和空间，洋务运动这种抱残守缺、治标不治本的现代化探索无法从根本上改变中国沦为半殖民地的凄惨命运。

二、政经西化时期

洋务运动以甲午海战的失败而告终，中华民族从单纯学习西方"器物文明"阶段进入学习西方"制度文明"阶段，即政经西化时期（1895—1911年）。在兵工洋务时期，封建统治阶级分化为洋务派和顽固派两大派别。在政经西化时期，封建统治阶级分化为改良派和保守派两个派别。与此同时，资本主义工商业有了一定的发展，民族资产阶级逐步登上历史舞台，形成了倡导资产阶级共和政府的革命派。因此，这段时期的现代化探索主要表现为三股势力在历史舞台上的激烈角逐。

第二章 中国式现代化的历史全景

甲午海战的惨败,史无前例地冲击了整个社会的各个阶层,也相当于为中华民族的制度现代化做了总动员。历史上,日本曾经作为中国的藩属国,大部分时间都是以"学生"的身份学习中国的技术、文化和制度。但是日本通过明治维新,经过将近30年的发展,一举击溃了曾经的"老师",成为东亚霸主,跻身世界强国之列。这一切让中国上至统治阶级,下至普通民众难以接受。同时,它就好比一面"照妖镜",使封建专制和宗法制度的缺陷无所遁形,使全社会第一次真正看透了清朝政府的腐朽与没落,为制度现代化做了总动员,因此,主张君主立宪的改良派和主张资产阶级革命的革命派逐步登上历史舞台。

1895年4月,康有为、梁启超等来自十八行省的1300多名举人联名发起"公车上书"①,反对签订《马关条约》,提出四点改革措施:鼓舞国民士气、迁都、练兵和变法,标志着改良派登上历史舞台。公车上书失败后,改良派积极开展舆论宣传和组织动员工作。他们著书立说,介绍国外变法图强的经验教训,在各地创办报刊、学会和学堂,为变法制造舆论和培养人才。到1897年底,各地已建立以变法自强为宗旨的学会33个,新式学堂17所,出版报刊19种。到1898年,学会、学堂和报馆达300多个。1898年4月,谭嗣同、唐才常和黎宗望等共同创办南学会、群萌学会。在康有为、梁启超等维新志士的宣传、组织和影响下,全国议论时政的风气逐

---

① 公车上书,是指在清光绪二十一年(1895年),康有为与梁启超集结1300余名举人,联名上书光绪帝爱新觉罗·载湉,反对在甲午战争中战败的清政府签订丧权辱国的《马关条约》的事件。公车上书被认为是维新派登上历史舞台的标志,也被认为是中国群众政治运动的开端。

渐形成。1898年6月11日,光绪皇帝下诏,实施改革,推行新政,史称"戊戌变法"。戊戌变法的主要内容有:政治方面,改革政府机构,裁撤冗员,任用维新人士;经济方面,鼓励私人兴办工业、矿业;教育方面,兴办新式学堂,翻译外文书籍;思想文化方面,创办报刊,放开言论,传播新思想;国防方面,训练新式陆军和海军;选拔人才方面,改革科举考试,废除八股文。资产阶级改良派发动的戊戌变法触动了封建顽固派的核心利益,遭到强烈的抵制。1898年9月21日,慈禧发动"戊戌政变",囚禁光绪皇帝,改良派主要人物或被杀或流亡海外,戊戌变法失败。

以光绪皇帝为首的维新派发动的戊戌变法是中国近代史上一次重要的政治改革,其内容涵盖政治、经济、文化、教育和军事等诸多方面。维新变法是资产阶级性质的政治改良运动,是清朝政府在内忧外患下进行的自上而下的自救运动,一定程度上符合时代潮流,但终因资产阶级的软弱性、与顽固派之间的实力差距而以失败告终。但维新变法将政治现代化的主题提上历史账面,并进行了广泛的社会宣传,培养了一批主张政治改革的人才,具有思想启蒙的意义。

革命派的起步时间,与改良派差不多,其共同的历史背景是甲午海战失败,清朝政府与日本签订《马关条约》,割地赔款,激起了广大国民的激烈反对。1894年,孙中山在檀香山成立兴中会,宗旨为"驱除鞑虏,恢复中华,创立合众政府"。1895年,兴中会总部设在香港,通过了《兴中会章程》。1903年,光复会在上海成立。1904年,华兴会在湖南长沙成立。1905年,兴中会与光复会、华兴会等团体组合成中国同盟会。这是中国历史上第一个全国性的政党。孙中山被推举为总理,系统提出民族、民权、民生的"三民主义"。这一时期,民族资本主义有了一定的发展,是爆发辛亥革命的经济基础。"据统计,1903年时全国大小工厂总数6066所,以后逐年增加,到1911年已达到9917所。铁路、邮电等都有一定的发展。"①1911年,辛亥革命爆发,结束了我国长达两千多年的封建帝制,建立中华民国,开启了中国政治现代化的新篇章。

这一时期改良派和革命派两条政治力量交织发展。改良派依附于旧的统治阶级开明君主,试图通过自上而下的改革实现现代化。事实证明,这仅仅是改良派的一厢情愿,不过是镜中花水中月之幻影。革命派学习西方政党制度和共和制度,不断积蓄力量,最终以革命方式推翻君主专制,建立共和制现代国家,符合人民的诉求,符合国家的利益,符合历史的潮流。

三、权威危机与重建时期

辛亥革命开启了中华民族政治现代化的新篇章,但政治现代化的道路却崎岖而坎坷,主要是三股力量相互竞争中华民族现代化的领导权,即封建残余势力、民族资产阶级和无产阶级的代表中国共产党,最终以中国共产党的胜利而告终。"这一阶段②的特点是,现代化学说百家争鸣,当政者无所适从,朝令夕改,政治领导阶级权威危机,政权更迭频繁。"③1912年元旦,孙中山出任中华民国

---

① 李秀林等主编:《中国现代化之哲学探讨(修订本)》,商务印书馆2022年版,第16页。
② 指1912—1949年,编者注。
③ 李秀林等主编:《中国现代化之哲学探讨(修订本)》,商务印书馆2022年版,第16页。

中国式现代化面面观

临时大总统，标志着中华民国正式成立。同年，同盟会联合4个小党派改组为国民党。1912年2月15日，袁世凯就任中华民国临时大总统，开启了北洋政府时代。1912年至1916年，北洋政府处于袁世凯统治时期。1913年10月，国会选举袁世凯为大总统。1915年12月12日，袁世凯称帝，行君主立宪政体。1916年，以蔡锷和唐继尧为首的南方诸省发起"护国运动"。1916年3月22日，袁世凯被迫取消帝制，恢复中华民国。1916年至1920年，北洋政府处于皖系军阀统治时期。1917年7月，发生了历时12天的"张勋复辟"历史闹剧。1920年至1924年，北洋政府处于直系军阀统治时期。1924年至1928年，北洋政府处于奉系军阀统治时期。1928年6月，国民党军进入北京，结束了北洋政府在中国的统治。同年12月29日，张学良宣布"东北易帜"，全国实现了形式上的统一。

十月革命一声炮响，给中国送来了马克思列宁主义。一是，肇始于1915年的新文化运动为马克思主义在中国的传播奠定了基础。相对于学习西方的器物文明（以工业化为主体的经济现代化）和制度文明（以资产阶级政党制度、君主立宪制或共和制为主体的政治现代化）而言，新文化运动直接推动了中华民族的文化现代化。新文化运动以旧文化、旧礼教为靶子，倡导科学和民主。新文化运动的主力军是近代以来培养的先进知识分子群体，面向对象主要是思想开放的青年学生，因此，新文化运动在中国大地上兴起了轰轰烈烈的思想解放运动。中国共产党的早期领导人都是新文化运动的旗棋手和主将。二是，马克思主义为中华民族现代化的探索提供了另一种方案。随着中国不断融入世界体系，民族资

第二章 中国式现代化的历史全景

产阶级有了一定的发展,工人阶级的队伍也不断壮大。在先进知识分子和青年学生的不断宣传下,马克思主义传播到工人队伍中,与工人运动相结合,中国共产党应运而生。1921年7月,中国共产党第一次全国代表大会在上海召开,标志着中华民族现代化的探索进入新纪元。三是,中国共产党领导全国各族人民,经过28年艰苦卓绝的斗争,夺取全国政权,建立中华人民共和国,取得了新民主主义革命的伟大胜利。"我们经过北伐战争、土地革命战争、抗日战争、解放战争,以武装的革命反对武装的反革命,推翻帝国主义、封建主义、官僚资本主义三座大山,建立了人民当家作主的中华人民共和国,实现了民族独立、人民解放。新民主主义革命的胜利,彻底结束了旧中国半殖民地半封建社会的历史,彻底结束了旧中国一盘散沙的局面,彻底废除了列强强加给中国的不平等条约和帝国主义在中国的一切特权,为实现中华民族伟大复兴创造了根本社会条件。"[①]

中华民族现代化探索阶段的不同时期,其共同特征是多重任务并列,多股力量并存且相互竞争和斗争。最终,中华民族选择了马克思主义,中国人民选择了中国共产党,中国共产党领导全国各族人民夺取了新民主主义革命的伟大胜利。这段历史将永远铭刻于我们的文化记忆之中。自中华人民共和国成立之后,中华民族开启了中国式现代化的历史进程。

---

① 习近平:《在庆祝中国共产党成立100周年大会上的讲话》(2021年7月1日),《人民日报》2021年7月2日。

第二节　中国式现代化阶段

1949年中华人民共和国成立，标志着中国人民从此站起来了，标志着中华民族从此进入了新的历史阶段，即中国式现代化阶段。截至当下，中国式现代化又可以分为三个时期，一是社会主义革命和建设时期，二是改革开放和社会主义现代化建设时期，三是中国特色社会主义新时代。

一、社会主义革命和建设时期

从现代化的一般规律看，政治现代化是国家现代化的先导，政治革命是政治现代化的先导。因此，我国取得新民主主义革命胜利之后，面临的中心任务是实现从新民主主义到社会主义的转变，进行社会主义革命，开展全面的政治现代化、经济现代化和文化现代化，为推进中华民族伟大复兴奠定根本政治前提和制度基础。

成功构建社会主义政治体系。一是，祖国大陆的统一和安定是构建社会主义政治体系的必要前提。中国共产党从基本国情出发，将祖国大陆统一的工作摆在首位，肃清了国民党反动派残余武装力量和土匪，和平解放西藏，实现祖国大陆完全统一。二是，中国共产党领导确立各项政治制度。建立和巩固工人阶级领导的、以工农联盟为基础的人民民主专政的国家政权，确立了人民代表大会制度、中国共产党领导的多党合作和政治协商制度、民族区域自治制度，为人民当家作主提供了制度保证，实现和巩固了全国各族人民的大团结，形成和发展了各民族平等互助的社会主义民族关系，实现和巩固了全国工人、农民、知识分子和其他各阶层人民的大团结，加强和扩大了广泛统一战线。社会主义制度的建立，为中国式现代化奠定了政治基础。

成功构建社会主义经济体系。一是建立生产资料公有制和按劳分配制度。1956年，我国基本上完成对农业、手工业和资本主义工商业的社会主义改造，基本上实现生产资料公有制和按劳分配，建立起社会主义经济制度。二是建设工业体系，侧重重工业建设。中华民族百年屈辱的根本原因是生产方式的落后，是自给自足小农经济的落后，直接原因是抵御外敌的战争一败再败。因此，实现工业化并建立相对完整的工业体系和国防体系是中国共产党执政后的重要任务。在美苏冷战格局下，中国共产党的第一代领导集体深感建立强大的重工业体系对国防现代化、保护国家主权独立和领土完整的重大意义。但要补齐工业生产普遍落后的短板，快速完成工业化，仅仅依靠本国的自力更生是很难快速完成的。鉴于当时紧张的国际形势，我国选择了"一边倒"的外交方针，加入社会主义阵营，接收苏联的经济援助、贷款、技术扶持等。学习"苏联模式"，加速了我国的社会主义工业化进程。当然，高度集中的计划经济体制后来成为我国现代化的一大阻碍，这是后话。但是，在当时的历史条件下，无论是巩固新生人民政权还是实现工业化，学习"苏联模式"肯定是利大于弊的。三是抓住社会主要矛盾，大力发展社会生产力。党的八大提出，我国社会主要矛盾不再是工人阶级和资产阶级

| 中国式现代化面面观

的矛盾,而是人民对于建立先进的工业国的要求同落后的农业国的现实之间的矛盾,已经是人民对于经济文化迅速发展的需要同当前经济文化不能满足人民需要的状况之间的矛盾。全国人民的主要任务是集中力量发展社会生产力,实现国家工业化,逐步满足人民日益增长的物质和文化需要。经过数个五年计划,我国建立起独立的、比较完整的工业体系和国民经济体系,农业生产条件显著改善。四是发展壮大军事工业。"两弹一星"等国防尖端科技不断取得突破,国防工业从无到有逐步发展起来。人民解放军得到壮大和提高,为巩固新生人民政权、确立中国大国地位、维护中华民族尊严提供了坚强后盾。

成功发展社会主义文化。一是开展"扫盲运动"。新中国成立之初,全国约有5.5亿人,文盲率高达80%,农村的文盲率更是高达95%。经过三次大的"扫盲运动",全国的文盲率下降为50%。二是推行普及化的现代公立教育。1949年,《中国人民政治协商会议共同纲领》指出,要"有计划有步骤地实行普及教育"。1954年,《中华人民共和国宪法》规定:"中华人民共和国公民有受教育的权利"。到1965年,小学数量(含教学点)达168.19万所,在校小学生达11620.9万人,小学学龄儿童入学率达到84.7%。[①] 三是破除封建迷信,倡导科学的世界观。通过法律形式,取缔各种封建迷信组织和团体,改造封建迷信场所,没收庙宇、寺院的土地。开展各种科普活动,加强宣传,引导民众建立科学的世界观。四是推广世俗化、大众化的文艺作品。党指导各类文化团体创作人民大众喜

---

① 朱有瓛主编:《中国近代学制史料》,华东师范大学出版社1987年版,第70页。

闻乐见的文艺作品,宣传社会主义文化,尤其侧重红色文化的传承与宣传。

社会主义革命和建设时期,中国共产党开展全面的政治现代化、经济现代化和文化现代化建设,取得了一系列伟大的成就,为在新的历史时期开创中国特色社会主义提供了宝贵经验、理论准备和物质基础。但因错判了国际国内形势,在社会主义建设方面急于求成,引发了一系列的错误,如"大跃进"运动、人民公社化运动、反右派斗争扩大化等,特别是"文化大革命"十年内乱,"使党、国家、人民遭到新中国成立以来最严重的挫折和损失,教训极其惨痛。一九七六年十月,中央政治局执行党和人民的意志,毅然粉碎了'四人帮',结束了'文化大革命'这场灾难。"[1]回顾这段历史,从总的方面来看,中国共产党领导人民在社会主义革命和建设时期取得的成就是巨大的,完成了社会主义革命,消灭一切剥削制度,实现了中华民族有史以来最为广泛而深刻的社会变革,实现了一穷二白、人口众多的东方大国大步迈进社会主义社会的伟大飞跃。

二、改革开放和社会主义现代化建设时期

进入改革开放和社会主义现代化建设时期,我们党根据新的实际和历史经验确立了我国实现社会主义现代化的正确道路,并提出到 21 世纪中叶基本实现现代化。在领导和推进现代化建设的进程

---

[1] 《中共中央关于党的百年奋斗重大成就和历史经验的决议》,《人民日报》2021 年 11 月 17 日。

中，我们党始终坚持中国式现代化的正确方向，在不同历史时期明确推进中国式现代化的目标、任务和重点，不断深化对中国式现代化的规律性认识。

党的十一届三中全会之后，以邓小平同志为核心的党的第二代中央领导集体审时度势，总结新中国成立以来的成功经验和失败教训，围绕"什么是社会主义、怎样建设社会主义"的根本问题，借鉴世界社会主义历史经验，出访发达资本主义国家，做出了改革开放的伟大决策，提出了建设中国特色社会主义的历史任务。一是巩固"解放思想，实事求是"的思想路线。党的十一届三中全会确立了"解放思想，实事求是"的思想路线，但是每逢国际国内大事，总有一小部分人不忘重提阶级斗争，以"左"的思想路线试图阻挠改革开放的伟大进程。改革开放初期，我们党对开放形势下意识形态领域的斗争缺乏经验，大量西方自由主义、极端个人主义、拜金主义和无政府主义等错误思潮不断涌入，引发了政治风波。以邓小平同志为核心的党的第二代领导集体始终坚持"解放思想，实事求是"的思想路线，以巨大的政治勇气和政治魄力化解危机，坚定不移地推进改革开放伟大事业。二是果断结束"以阶级斗争为纲"的错误路线，坚持以经济建设为中心，推动党和国家工作重心转移。邓小平同志强调，"贫穷不是社会主义，社会主义要消灭贫穷。不发展生产力，不提高人民生活水平，不能说是符合社会主义的要求。"[①]因此，党和国家始终把经济建设摆在社会主义建设的中心位置。三是重新确立社会主要矛盾。1981年6月，党的十一届六中全会通过的

[①] 《邓小平文选》（第三卷），人民出版社1993年版，第116页。

《关于建国以来党的若干历史问题的决议》,将社会主要矛盾表述为"人民日益增长的物质文化需要同落后的社会生产之间的矛盾"。四是坚持推进改革开放。1978年国务院务虚工作会上,李先念同志强调,"要改革一切不适应生产力的生产关系,改革一切不适应经济基础的上层建筑"①,同时"必须积极从国外引进先进技术和设备"②。无论面临多么严峻的国内国际形势,党的第二代领导集体始终以足够的定力,坚定不移推进改革开放。五是首次提出中国式现代化及其内涵。邓小平同志多次强调:"我们搞的现代化,是中国式的现代化。""我们的现代化建设,必须从中国的实际出发。无论是革命还是建设,都要注意学习和借鉴外国经验。但是照抄照搬别国经验、别国模式,从来不能得到成功。这方面我们有过不少教训。"③六是取得了马克思主义中国化的新成果——创立了邓小平理论。邓小平理论"深刻揭示社会主义本质,确立社会主义初级阶段基本路线,明确提出走自己的路、建设中国特色社会主义,科学回答了建设中国特色社会主义的一系列基本问题"④,为中国式现代化指明了方向。

党的十三届四中全会之后,中国共产党形成了以江泽民同志为核心的第三代中央领导集体。面对国内外复杂的政治和经济形势、世界社会主义遭受严重挫折的历史考验,新一代党中央领导集体从容不迫地稳步推进中国式现代化。一是建立社会主义市场经济体

---

① 《李先念年谱》(第五卷),中央文献出版社2011年版,第655页。
② 《李先念文选》,人民出版社1989年版,第332页。
③ 《邓小平文选》(第三卷),人民出版社1993年版,第2—3、29页。
④ 《中共中央关于党的百年奋斗重大成就和历史经验的决议》,《人民日报》2021年11月17日。

制。党的十四大明确,"我国经济体制改革的目标是建设社会主义市场经济体制。"党的十五大确立公有制为主体、多种所有制经济共同发展的基本经济制度和按劳分配为主体、多种分配方式并存的分配制度。经过不懈努力,到2000年,我国建立了社会主义市场经济体制基本框架,人民生活总体上达到小康水平的目标如期实现。二是香港澳门顺利回归祖国,为祖国和平统一提供了成功案例,"一国两制"的伟大构想成为现实。三是突破重重困难,加入世界贸易组织。经过长达15年的艰难谈判,我国于2001年成功加入世界贸易组织,为我国经济现代化注入了一针"强心剂"。四是推进党的建设新的伟大工程。在经历了国内政治风波和世界社会主义运动的挫折之后,围绕"建设什么样的党、怎样建设党"的问题,中国共产党不断加强自身建设,继续推进马克思主义中国化,形成了"三个代表"重要思想。

党的十六大之后,以胡锦涛同志为总书记的新一代中央领导集体统揽全局,团结带领全国各族人民,在全面建设小康社会的进程中推进中国式现代化。一是聚精会神搞建设,一心一意谋发展,全面建设小康社会。加入世界贸易组织之后,我国的市场经济体系与国际市场全面接轨,从"引进来"阶段,步入"走出去"阶段,各相关企业主动参与激烈的国际竞争。我国没有仅仅停留在劳动密集型和资源密集型产业发展上,而是向知识密集型和技术密集型产业发展。同时,我国利用工业现代化推进农业现代化,让工业反哺农业。2006年,我国取消了农业税,减轻农民负担,为全面建设小康社会迈出关键一步。二是举办奥运会,加强对外宣传。中华民族是被动卷入世界历史进程的,一直被持"西方中心论"的人视为未开化的落后民族。通过举办奥运会，让全世界看到一个全新的、已经站起来、正在富起来和强起来的中华民族的光辉形象。三是推进马克思主义中国化，创立科学发展观。这一时期，中国共产党围绕"新形势下实现什么样的发展、怎样发展"的重大问题，始终坚持以马克思主义的基本观点、方法和立场为指导，推动实践创新、理论创新和制度创新，形成了坚持以人为本、全面协调可持续的科学发展观。

三、中国特色社会主义新时代

党的十八大之后，中国特色社会主义进入新时代，中国共产党形成了以习近平同志为核心的新一代中央领导集体。新的中央领导集体坚持和加强党的全面领导，统筹推进"五位一体"总体布局、协调推进"四个全面"战略布局，坚持和完善中国特色社会主义制度、推进国家治理体系和治理能力现代化，坚持依规治党，形成比较完善的党内法规体系，实现第一个百年奋斗目标，明确实现第二个百年奋斗目标的战略安排。新时代，党和国家事业取得历史性成就、发生历史性变革，为实现中华民族伟大复兴提供了更为完善的制度保证、更为坚实的物质基础、更为主动的精神力量。中国共产党和中国人民以英勇顽强的奋斗成就，向世界庄严宣告：中华民族迎来了从站起来、富起来到强起来的伟大飞跃，中国式现代化达到了新的高度，以中国式现代化全面推进中华民族伟大复兴进入了不可逆转的历史进程。

新时代，我们党继续推进理论创新，实现了马克思主义中国化

中国式现代化面面观

时代化的新飞跃。中国共产党坚持马克思列宁主义、毛泽东思想、邓小平理论、"三个代表"重要思想、科学发展观的指导思想,结合中国特色社会主义建设的实践,创立了习近平新时代中国特色社会主义思想。习近平新时代中国特色社会主义思想明确了坚持和发展中国特色社会主义的基本方略,提出了一系列治国理政新理念新思想新战略,实现了马克思主义中国化时代化新的飞跃。习近平新时代中国特色社会主义思想是当代中国马克思主义、二十一世纪马克思主义,是中华文化和中国精神的时代精华,实现了马克思主义中国化时代化新的飞跃。这一最新成果"自觉顺应马克思主义发展逻辑,不断推进理论形态的与时俱进与实践形态的创新发展;深刻把握世界百年未有之大变局的本质、特征、趋势,标注出掌握历史主动、引领世界社会主义振兴的历史方位;在社会发展阶段演进的历史与逻辑统一、民族复兴与世界历史进程的同频共振、政党优势推动政治文明进步的合规律性、理论本土化的历史文化基因塑造等重大理论问题上作出原创性贡献;中国式现代化的文明新形态、'一带一路'的经济全球化新样态、人类命运共同体的新世界图景为中国道路赢得竞争新优势,为人类社会发展进步贡献出中国方案"[①]。全党自觉用习近平新时代中国特色社会主义思想武装头脑,全面贯彻党的基本路线、基本方略,采取一系列战略性举措,推进一系列变革性实践,实现一系列突破性进展,取得一系列标志性成果,经受住了来自政治、经济、意识形态、自然界等方面的风险挑战考验,党和国家事业取得历史性成就、发生历史性变革,推动我国迈上全

---

① 辛鸣:《论 21 世纪马克思主义》,《中国社会科学》2022 年第 12 期。

面建设社会主义现代化国家新征程。

以习近平同志为核心的党中央全面加强党的领导,深入推进全面从严治党。一是,中国共产党是中国式现代化的领导力量,是"中国巨轮"行稳致远的舵手,因此,全面加强党的领导是推进中华民族伟大复兴的政治保障。党的二十大报告指出,"中国特色社会主义最本质的特征是中国共产党领导,中国特色社会主义制度的最大优势是中国共产党领导,中国共产党是最高政治领导力量,坚持党中央集中统一领导是最高政治原则,系统完善党的领导制度体系,全党增强'四个意识',自觉在思想上政治上行动上同党中央保持高度一致,不断提高政治判断力、政治领悟力、政治执行力,确保党中央权威和集中统一领导,确保党发挥总揽全局、协调各方的领导核心作用"。二是,推进党的建设新的伟大工程。我们深入推进全面从严治党,坚持打铁必须自身硬,从制定和落实中央八项规定开局破题,提出和落实新时代党的建设总要求,以党的政治建设统领党的建设各项工作,坚持思想建党和制度治党同向发力,严肃党内政治生活,持续开展党内集中教育,提出和坚持新时代党的组织路线,突出政治标准选贤任能,加强政治巡视,形成比较完善的党内法规体系,推动全党坚定理想信念、严密组织体系、严明纪律规矩。我们持之以恒正风肃纪,以钉钉子精神纠治"四风",反对特权思想和特权现象,坚决整治群众身边的不正之风和腐败问题,刹住了一些长期没有刹住的歪风,纠治了一些多年未除的顽瘴痼疾。经过不懈努力,党找到了自我革命这一跳出治乱兴衰历史周期率的第二个答案,自我净化、自我完善、自我革新、自我提高能力显著增强,管党治党宽松软状况得到根本扭转,风清气正的党内政治生态不断形成和发展，确保党永远不变质、不变色、不变味。

以习近平同志为核心的党中央对党和国家事业作出科学完整的战略部署，提出并贯彻新发展理念，着力推进高质量发展，推动构建新发展格局，全面建成小康社会，实现了中华民族的千年梦想。一是一张蓝图绘到底，一茬一茬接着干。中国共产党发出实现中华民族伟大复兴中国梦的伟大号召，指出实现中国梦的路径是中国式现代化道路。以习近平同志为核心的党中央统揽伟大斗争、伟大工程、伟大事业、伟大梦想，明确"五位一体"总体布局和"四个全面"战略布局，确定稳中求进工作总基调，统筹发展和安全，明确我国社会主要矛盾是人民日益增长的美好生活需要和不平衡不充分的发展之间的矛盾，紧紧围绕这个社会主要矛盾推进各项工作，不断丰富和发展人类文明新形态。二是在新的历史起点上，提出并贯彻新发展理念，着力推进高质量发展，推动构建新发展格局，实施供给侧结构性改革，经济实力实现历史性跃升。新时代，我国GDP稳居世界第二位，制造业规模稳居世界第一，城镇化率不断提高，基础建设取得重大成就，粮食安全、能源安全得到有效保障。我国加快推进科技自立自强，全社会研发经费支出居世界第二位，研发人员总量居世界首位。基础研究和原始创新不断加强，一些关键核心技术实现突破，战略性新兴产业发展壮大，进入创新型国家行列。三是发展成果人民共享，实现了中华民族的千年梦想。我们坚持精准扶贫、尽锐出战，打赢了人类历史上规模最大的脱贫攻坚战，历史性地解决了绝对贫困问题，在中华大地上全面建成了小康社会。

以习近平同志为核心的党中央坚持全面深化改革、实施更加积极主动的开放战略。一是坚持全面深化改革,加强顶层设计,突破利益固化的藩篱。我国经济总量稳居世界第二,制造业世界第一,深化改革牵一发而动全身,因此,必须加强改革顶层设计,冲破思想观念束缚,突破利益固化藩篱,坚决破除各方面体制机制弊端。经过不懈努力,各领域基础性制度框架基本建立,许多领域实现历史性变革、系统性重塑、整体性重构,新一轮党和国家机构改革全面完成,中国特色社会主义制度更加成熟更加定型,国家治理体系和治理能力现代化水平明显提高。二是实施更加积极主动的开放战略,坚定不移推动经济全球化,助力全球经济复苏。实行更加积极主动的开放战略,构建面向全球的高标准自由贸易区网络,加快推进自由贸易试验区、海南自由贸易港建设,共建"一带一路"成为深受欢迎的国际公共产品和国际合作平台。我国成为140多个国家和地区的主要贸易伙伴,货物贸易总额居世界第一,吸引外资和对外投资居世界前列,形成了更大范围、更宽领域、更深层次对外开放格局。这充分证明,中国的发展离不开世界,世界的发展需要中国。

新时代,中国特色社会主义政治建设取得重大成就。一是坚持走中国特色社会主义政治发展道路,全面发展全过程人民民主,社会主义民主政治制度化、规范化、程序化全面推进,社会主义协商民主广泛开展,人民当家作主更为扎实,基层民主活力增强,爱国统一战线巩固拓展,民族团结进步呈现新气象,党的宗教工作基本方针得到全面贯彻,人权得到更好保障。社会主义法治国家建设深入推进,全面依法治国总体格局基本形成,中国特色社会主义法治体系加快建设,司法体制改革取得重大进展,社会公平正义保障更为坚实，法治中国建设开创新局面。二是开展了史无前例的反腐败斗争，以"得罪千百人、不负十四亿"的使命担当祛疴治乱，不敢腐、不能腐、不想腐一体推进，"打虎""拍蝇""猎狐"多管齐下，反腐败斗争取得压倒性胜利并全面巩固，消除了党、国家、军队内部存在的严重隐患，确保党和人民赋予的权力始终用来为人民谋幸福。

新时代，中国特色社会主义文化建设、社会建设和生态建设取得重大突破。一是确立和坚持马克思主义在意识形态领域指导地位的根本制度，新时代党的创新理论深入人心，社会主义核心价值观广泛传播，中华优秀传统文化得到创造性转化、创新性发展，文化事业日益繁荣，网络生态持续向好，意识形态领域形势发生全局性、根本性转变。我们成功举办北京冬奥会、冬残奥会，青年一代更加积极向上，全党全国各族人民文化自信明显增强、精神面貌更加奋发昂扬。二是深入贯彻以人民为中心的发展思想，在幼有所育、学有所教、劳有所得、病有所医、老有所养、住有所居、弱有所扶上持续用力，人民生活全方位改善。人民群众获得感、幸福感、安全感更加充实、更有保障、更可持续，共同富裕取得新成效。三是坚持绿水青山就是金山银山的理念，坚持山水林田湖草沙一体化保护和系统治理，全方位、全地域、全过程加强生态环境保护，生态文明制度体系更加健全，污染防治攻坚向纵深推进，绿色、循环、低碳发展迈出坚实步伐，生态环境保护发生历史性、转折性、全局性变化，我们的祖国天更蓝、山更绿、水更清。

新时代，我们全面推进中国特色大国外交，贯彻总体国家安全观，贯彻新时代军事战略方针，全面准确推进"一国两制"实践。

第二章　中国式现代化的历史全景

我们全面推进中国特色大国外交，推动构建人类命运共同体，坚定维护国际公平正义，倡导践行真正的多边主义，旗帜鲜明反对一切霸权主义和强权政治，毫不动摇反对任何单边主义、保护主义、霸凌行径。我们完善外交总体布局，积极建设覆盖全球的伙伴关系网络，推动构建新型国际关系。我们展现负责任大国担当，积极参与全球治理体系改革和建设，全面开展抗击新冠肺炎疫情国际合作，赢得广泛国际赞誉，我国国际影响力、感召力、塑造力显著提升。我们贯彻总体国家安全观，国家安全领导体制和法治体系、战略体系、政策体系不断完善，在原则问题上寸步不让，以坚定的意志品质维护国家主权、安全、发展利益，国家安全得到全面加强。共建共治共享的社会治理制度进一步健全，民族分裂势力、宗教极端势力、暴力恐怖势力得到有效遏制，扫黑除恶专项斗争取得阶段性成果，有力应对一系列重大自然灾害，平安中国建设迈向更高水平。我们确立党在新时代的强军目标，贯彻新时代党的强军思想，贯彻新时代军事战略方针，坚持党对人民军队的绝对领导，召开古田全军政治工作会议，以整风精神推进政治整训，牢固树立战斗力这个唯一的根本的标准，坚决把全军工作重心归正到备战打仗上来，统筹加强各方向各领域军事斗争，大抓实战化军事训练，大刀阔斧深化国防和军队改革，重构人民军队领导指挥体制、现代军事力量体系、军事政策制度，加快国防和军队现代化建设，裁减现役员额30万胜利完成，人民军队体制一新、结构一新、格局一新、面貌一新，现代化水平和实战能力显著提升，中国特色强军之路越走越宽广。我们全面准确推进"一国两制"实践，坚持"一国两制""港人治港""澳人治澳"高度自治的方针，推动香港进入由乱到治走向由治及兴的新阶段,香港、澳门保持长期稳定发展良好态势。我们提出新时代解决台湾问题的总体方略,促进两岸交流合作,坚决反对"台独"分裂行径,坚决反对外部势力干涉,牢牢把握两岸关系主导权和主动权。

新时代的伟大变革,在党史、新中国史、改革开放史、社会主义发展史、中华民族发展史上具有里程碑意义。中国共产党在革命性锻造中更加坚强有力,党的政治领导力、思想引领力、群众组织力、社会号召力显著增强,党同人民群众始终保持血肉联系,中国共产党在世界形势深刻变化的历史进程中始终走在时代前列,在应对国内外各种风险和考验的历史进程中始终成为全国人民的主心骨,在坚持和发展中国特色社会主义的历史进程中始终成为坚强领导核心。中国人民的前进动力更加强大、奋斗精神更加昂扬、必胜信念更加坚定,焕发出更为强烈的历史自觉和主动精神,中国共产党和中国人民正信心百倍推进中华民族从站起来、富起来到强起来的伟大飞跃。改革开放和社会主义现代化建设深入推进,书写了经济快速发展和社会长期稳定两大奇迹新篇章,我国发展具备了更为坚实的物质基础、更为完善的制度保证,实现中华民族伟大复兴进入了不可逆转的历史进程。科学社会主义在中国焕发出新的蓬勃生机,中国式现代化为人类实现现代化提供了新的选择,中国共产党和中国人民为解决人类面临的共同问题提供更多更好的中国智慧、中国方案、中国力量,为人类和平与发展崇高事业作出新的更大的贡献。

总之,中国式现代化的三个时期,中国共产党始终坚持马克思主义的指导思想,牢记"为中华民族谋复兴,为中国人民谋幸福"的初心和使命，从中国革命、建设和改革开放的具体实际出发，推动中华优秀传统文化创造性转化、创新性发展，始终坚持发展为了人民、发展依靠人民、发展成果由人民共享的理念，坚决维护广大人民群众的根本利益，从逐步推进到全面推进物质文明、政治文明、精神文明、社会文明和生态文明协调发展的中国式现代化。

第三章

中国式现代化的五大特征

　　党的二十大报告指出:"在新中国成立特别是改革开放以来长期探索和实践基础上,经过十八大以来在理论和实践上的创新突破,我们党成功推进和拓展了中国式现代化。"报告同时指出:"中国式现代化,是中国共产党领导的社会主义现代化,既有各国现代化的共同特征,更有基于自己国情的中国特色。"习近平总书记指出,"我国现代化是人口规模巨大的现代化,是全体人民共同富裕的现代化,是物质文明和精神文明相协调的现代化,是人与自然和谐共生的现代化,是走和平发展道路的现代化。"①党的二十大报告进一步明确了中国式现代化的这五大特征。 中国式现代化的五大特征基于我国国情的中国特色,彰显了中国特色社会主义制度的比较优势,体现了中华民族的优秀品质,凸显了科学社会主义的强大力量,为发展中国家现代化提供

---

① 习近平:《把握新发展阶段,贯彻新发展理念,构建新发展格局》,《求是》2021年第9期。

了中国方案,为构建人类未来社会提供了中国智慧。

第一节 人口规模巨大的现代化

党的二十大报告指出:"中国式现代化是人口规模巨大的现代化。我国十四亿多人口整体迈进现代化社会,规模超过现有发达国家人口的总和,艰巨性和复杂性前所未有,发展途径和推进方式也必然具有自己的特点。我们始终从国情出发想问题、作决策、办事情,既不好高骛远,也不因循守旧,保持历史耐心,坚持稳中求进、循序渐进、持续推进。"人口规模巨大既是我国现代化建设的基本国情之一,也是中国式现代化的特征之一,其中蕴含着巨大机遇和极大挑战。巨大的人口规模制约着中国式现代化的道路选择和战略规划,巨大的人口规模为我国现代化准备了充足的社会资源和构建超大规模国内市场的潜力。同时,复杂的人口结构、地域分布和不平衡发展等因素给中国式现代化带来了诸多困难。中华民族整体迈进现代化社会,规模超过现有发达国家人口总和,为人类的现代化事业作出了极大贡献。

一、人口规模与现代化发展的一般关系

在世界范围内,人口规模大小是区分大国和小国的核心指标之一。一般而言,人口规模较小的国家,经济总量、资源总量相对较

小,经济社会结构较为简单。人口规模较大的国家,经济总量、资源总量相对较大,因此,能够发展相对比较齐全的产业结构、经济体系和社会结构。"世界现代化历史的丰富经验和数据表明,人口规模是影响一个国家和地区现代化进程的关键性因素,由'量'及'质'深刻地影响着现代化的道路选择、战略规划和实践进程。"①

首先,人口规模和资源种类及数量制约国家现代化的道路选择。一方面,从二战后世界各国现代化的过程来看,人口规模较小的国家大都选择参与并融入现代化程度较高的大国主导的经济体系。他们借助丰富的外部资源补偿本国资源禀赋的单一性,在合作为主导的框架下利用自身资源禀赋的特性并充分发挥其优势,获得较高收益,更好地实现经济增长和现代化发展。北欧诸国、地中海沿岸国家、亚洲的韩国和新加坡等国家在现代化进程中均走了类似的发展道路,取得较高的现代化成就。另一方面,人口规模较大的国家一般都致力于建构相对完整的国民经济体系和产业链,寻求独立自主的发展。这是由其自身的人口资源、自然资源禀赋和国际关系等因素共同决定的。人口规模较大的国家一般拥有总量较为可观的自然资源,有利于发展相对完整的工业体系,有利于建立较为完善的产业链,有利于更好地利用规模经济效应推动本国现代化。同时,人口规模较大的国家在能源、粮食和国家安全方面面临更大的压力,想要牢牢把握现代化的主动权,必须选择独立自主的发展战略。当然,也不乏一些人口大国尝试融入现代化程度较高的大国主

---

① 王长江:《人口规模巨大与中国式现代化的开拓》,《科学社会主义》2023年第2期,第21-30页。

导的产业链，但在取得一定基础性发展之后，因面临外部守成大国的竞争、遏制和打压，同时叠加国内发展不平衡引发的各种社会矛盾，可能会陷入停滞状态。拉丁美洲一些人口大国就是这方面的典型代表。

其次，经济总量及其内部结构影响国家现代化的战略规划。人口规模较小的国家一般资源禀赋相对单一、经济总量相对较小，面临的外部竞争压力也相对较小，在高度分化的国际分工中，发展同质化的经济更有利于发挥自身的优势，加强竞争力，获取超额利润。人口规模较大的国家资源禀赋相对丰富，经济总量的规模效应较强，但同时面临的内外部压力较大，必须选择较为安全、稳妥的战略规划。较大的人口规模、更大的经济体量和市场规模，有助于在本国内部实现更为丰富的社会分工，有助于在本国建构完备的产业结构、完整的产业链，有助于提升抗风险能力，在国际上具有较强的竞争力和影响力。正因为这种全面的、系统的现代化需求，导致人口规模较大的国家不得不采取渐进式的产业政策和差异化的区域政策，以保证本国现代化全面、稳步开展。

再次，国际竞争影响国家现代化的实践进程。世界近代史的经验表明，大国之间必然会开展全方位、多维度的竞争。人口规模较大的国家很难仅仅通过国际分工的贸易和科技合作实现产业转型升级，必须通过独立自主的科研创新在国际竞争中、在高端产业链中获得相应的经济附加值。主导国际秩序的守成大国往往把发展中大国视为潜在的或现实的对手，会在其快速发展过程中采取较为激烈的竞争和抑制策略，从而压缩新兴大国谋求发展的空间。如果新兴大国没有制定完备的、系统的、长远的发展战略，或缺乏足够的政治勇气、政治魄力和发展定力,转而走向封闭僵化的道路或者改旗易帜的邪路,则其现代化实践进程必然被阻滞或被阻断。反之,新兴大国应坚定不移地在国际竞争中维护自身的经济利益,建构自身的国际话语权,提出自己的国际主张,以自身的和平发展推动世界的繁荣稳定。反之,"小国不具备全面挑战守成大国的潜力,守成大国通常将其看作可以利用和合作的对象。一些小国准确把握这一国际社会的现实,通过与大国的积极合作实现快速发展。例如,新加坡奉行'大国平衡'的外交战略,为自身创造了较好的国际环境,并分享大国发展带来的机遇。"①

最后,人口规模制约着国家现代化的成就。从各国现代化的历史经验来看,似乎存在这样一种现象:小国更加容易实现经济的高速增长,在现代化发展中取得更好的成就,迈入高收入国家行列。据学者王长江《人口规模巨大与中国式现代化的开拓》一文统计,2021年世界人均国内生产总值(以下简称GDP)最高的10个国家分别是:摩纳哥、卢森堡、爱尔兰、瑞士、挪威、新加坡、美国、卡塔尔、澳大利亚、丹麦,其中只有美国(3.3亿)和澳大利亚(0.26亿)人口超过1000万。2021年世界上人口最多的10个国家分别是:中国、印度、美国、印度尼西亚、巴基斯坦、巴西、尼日利亚、孟加拉国、俄罗斯、墨西哥,而这10个国家中一半属于中低等收入国家,只有美国属于高收入国家。此外,在1960年的101个中等收入经济体中,到2008年只有13个进入了高收入经济体行列。2008

---

① 王长江:《人口规模巨大与中国式现代化的开拓》,《科学社会主义》2023年第2期,第21-30页。

年这些国家中仅有日本人口超过1亿（1.28亿），其中7个经济体的人口不足1000万。有国外学者对1998—2008年15个欧元区国家进行计量经济分析，一致认为："人口规模对GDP增长存在巨大的负面影响"。这个结论虽然存在着明显的样本缺陷、计算方法和比较方法谬误，但从另一个角度说明了人口规模巨大的国家实现现代化的巨大难度。

二、巨大的人口规模制约中国式现代化的道路选择与战略规划

人口规模巨大是中国式现代化的鲜明特色，也是我们做决策的基本出发点。推进中国式现代化，必须深入理解人口规模巨大对中国式现代化的影响，明确科学的道路选择、制定正确的战略规划。

首先，巨大的人口规模、丰富的资源禀赋、特殊的历史境遇和严峻的国际环境，决定了中国选择独立自主的发展道路。

一是巨大的人口规模和丰富的资源禀赋决定了中国选择独立自主发展道路的可能性空间。新中国成立时，全国人口为5.4167亿，约占世界人口总数的1/5，居世界首位。国土面积960多万平方公里，约占世界陆地总面积的1/15，仅次于俄罗斯和加拿大，居世界第三位。土地资源种类丰富，山地320万平方公里，高原250万平方公里，盆地180万平方公里，平原115万平方公里，丘陵95万平方公里。矿产资源丰富，现已探明储量的矿产136种，是世界上已知矿种配套较全的少数国家之一。水力资源居世界首位。我国的气候复杂多样，从南到北跨热带、亚热带、暖温带、温带、寒带等气

候带。巨大的人口规模和丰富的资源为我国建构完备的工业体系、发展完整的产业链、选择独立自主的发展道路，提供了人力资源和物质保障。

二是特殊的历史境遇决定了中国必须选择独立自主的发展道路。近代以来，中华民族长达百年的屈辱历史使中国共产党和中国人民清醒地认识到，独立自主的发展道路是实现国家富强和人民幸福的必由之路。民族危亡之际，各种救国方案纷纷登上历史舞台，最终只有中国共产党领导人民经过独立自主的艰辛探索，经历血与火的洗礼，才找到了中华民族伟大复兴的社会主义道路。因此，在中国式现代化的路径选择上，中国共产党和中国人民必须选择也必然选择独立自主的发展道路。

三是严峻的国际形势制约着中国式现代化的道路选择。新中国成立之初，美苏两大阵营尖锐对立，因意识形态、地缘政治和历史遗留问题等原因，新中国遭到发达资本主义国家的政治孤立和经济封锁。因此，新中国选择了"一边倒"的外交战略，加入社会主义阵营。苏联曾给予我国基础工业尤其是重工业建设较多帮助，但由于20世纪50年代末中苏关系破裂，我国面临两大阵营的双面挤压，第一代中央领导集体坚定信念，领导全国各族人民在独立自主的现代化道路上进行艰苦卓绝的探索和实践。对我国而言，即使不考虑新中国成立之初严峻的国际环境因素，巨大的人口规模也决定了我国无法通过依赖外部援助而实现中华民族伟大复兴。因此，综合人口规模、资源禀赋、历史际遇和国际环境考虑，我国必须也必然选择独立自主的现代化道路。

其次，巨大的人口规模、复杂的人口结构和经济文化相对落后

> 中国式现代化面面观

的基本国情,决定了中国式现代化的战略规划。 新中国成立之初,我国拥有世界第一的人口总量,但人口质量不高,而且人口结构复杂。 1949 年,全国有 5.4167 亿人,但文盲率高达 80%,农村的文盲率更是高达 95%。 我国拥有 56 个民族,各民族发展不平衡。 新中国成立前,有些民族甚至处于氏族时期,生产生活方式极其原始,思想文化非常落后。 在中国式现代化起步阶段,我国的经济发展水平较为落后,小农经济在我国经济中占有绝对优势。 1952 年完成战后国民经济恢复时,我国工农业总产值 827 亿,其中工业产值 343 亿,占比 41.5%,人均收入仅 104 元,每公顷土地粮食年产量仅有 1320 公斤。 正如习近平总书记所说,"在中国这样一个人口众多和经济文化落后的东方大国进行革命和建设的国情与使命,决定了我们只能走自己的路。"①

一是在中国式现代化起步阶段,确定了优先发展重工业、构建完整工业体系和国民经济体系的战略规划。 制定"一五"计划时,毛泽东同志指出:"没有工业,便没有巩固的国防,便没有人民的福利,便没有国家的富强。"②采取积极的工业化的政策,即优先发展重工业的政策,其目的就是在于求得建立巩固的国防、满足人民需要和对国民经济实现社会主义改造的物质基础。 因此,我们把重工业的基本建设作为制定发展国民经济第一个五年计划的重点。 在制定第二个五年计划时,党中央提出,应"继续进行以重工业为中心的工业建设,推进国民经济的技术改造,建立我国社会主义工业化

---

① 《习近平谈治国理政》(第一卷),外文出版社 2018 年版,第 29 页。
② 《毛泽东选集》(第三卷),人民出版社 1991 年版,第 1080 页。

的巩固基础"①。经过社会主义革命和建设时期的不懈努力,我国的重工业建设有了长足的进步,为建构完整的工业体系奠定了坚实的基础。

二是在中国式现代化的发展阶段,我国建构多层次的战略步骤,推进渐进式的发展战略。巨大的人口规模决定了大国的产业体系和经济结构具有多样性,短期的剧烈调整可能造成严重的内部混乱,因而大国的发展战略需要保持稳定性、延续性。"中国是一个大国,决不能在根本性问题上出现颠覆性错误,一旦出现就无法挽回、无法弥补。"②基于这一战略判断,中国制定和实施了多层次的现代化战略规划。先后确立了"四个现代化""总路线"和"两个一百年"等宏观战略,又制定了"三步走"和"远景规划"等中期规划以及"五年计划"(规划)和年度计划等具体发展战略。另外,大国经济的特征是地区之间的异质性,在一些地区进入到新的发展阶段情况下,另外一些地区可能仍然处在原来的发展阶段。对大国而言,推动生产方式、产业体系和制度体系等实现渐进式更迭是一种理性选择,这也是中国现代化中长期坚持的一项重要战略。这一方面体现在中国现代化的内容上,呈现从重工业领域向其他经济和社会领域逐步拓展的态势;另一方面是区域发展中的渐进性,最典型的便是改革开放以来先集中资源让东部沿海地区率先发展,然后通过西部大开发等战略,实现先进生产方式和制度体系在全国范围的拓展。

---

① 《中共中央文集选集》(第二十四册),中央文献出版社2013年版,第187页。
② 《习近平谈治国理政》(第一卷),外文出版社2018年版,第348页。

三、巨大人口规模给中国式现代化带来的"乘数效应"和"除数效应"

人口规模巨大突出了中国式现代化的基础性特征,巨大的人口规模给中国式现代化带来了不容忽视的"乘数效应"和"除数效应"。

一方面,巨大的人口规模给中国式现代化带来"乘数效应"。这主要表现为,通过丰富的人力资源和自然资源总量和"集中力量办大事"的动员机制,转化为中国式现代化的强劲动力,最终成为中国式现代化的伟大成就。一是,巨大的人口规模和自然资源总量是推进中国式现代化的人力基础和物质前提。新中国成立以来,我国选择了独立自主的现代化发展道路,优先发展工业体系,尤其是重工业,但是中国式现代化面临"人口多、底子薄,生产力落后"的基本国情。其中最大的发展障碍是原始资金不足——在小农经济占绝对优势的国民经济体系上发展工业,需要大量的原始资金。二是中国共产党利用自身优势,通过宣传、引导和组织等多种方式,逐步建立并完善了中国共产党集中统一领导的国家制度和治理体系,整合人口规模优势,构建了"集中力量办大事"的动员机制。我们通过提取农业剩余、集中劳动力优势,克服原始资金不足的劣势,逐步形成了全国一盘棋,调动各方面积极性,集中力量办大事的显著优势,完成了中国式现代化所需的基础性建设。改革开放后,这套制度体系和动员机制实现了自我更新,全国在以经济建设为中心的导向下,充分调动一切积极因素实现了经济的持续快速增长。三是，唯物史观认为，生产力是社会发展中最活跃的动力因素，而劳动者又是社会生产力中最活跃的因素。丰富的自然资源要转化为中国式现代化的物质支持，丰富的人力资源是不可或缺的前提条件，是中国式现代化取得伟大成就的核心所在，也是继续推进中国式现代化的动力所在。新时代十年，GDP 从 54 万亿元增长到 114 万亿元，我国经济总量占世界经济的比重达 18.5%，提高 7.2 个百分点，稳居世界第二位；人均 GDP 从 39800 元增加到 81000 元。① 制造业规模、外汇储备稳居世界第一。建成世界最大的高速铁路网、高速公路网，机场港口、水利、能源、信息等基础设施建设取得重大成就。全社会研发经费支出从 1 万亿元增加到 2.8 万亿元，居世界第二位，研发人员总量居世界首位。② 这一系列的成就，无不体现着巨大的人口规模给中国式现代化带来的"乘数效应"。

另一方面，巨大的人口规模给中国式现代化带来"除数效应"。这主要表现为，我国人均资源量和人均 GDP，较之发达国家相对较低。我国拥有 14 亿多人口，约占世界总人口的 20%，拥有 960 万平方公里的国土面积，但其中耕地面积仅仅为 19.14 亿亩，约占世界耕地面积的 7%。③ 曾几何时，国际上反复出现中国人能否养活自己的质疑。我们用实际行动粉碎了这种谣言，但人均耕地面积相对较少的实际情况，让我们始终高度关注粮食安全的问题。中国人要把饭碗端在自己手里，而且要装自己的粮食。改革开放 40 多年来，我国从经济文化落后的农业国家，一跃成为世界第二大经济体，拥

---

① 《数说新时代丨中国经济实力实现历史性跃升》，新华网 2022 年 10 月 26 日。
② 《数说新时代丨中国经济实力实现历史性跃升》，新华网 2022 年 10 月 26 日。
③ 截至 2022 年 12 月 31 日。

有世界上最完备的工业体系,制造业规模世界第一。巨大人口规模的"乘数效应"是我们取得这些重大成就的关键因素之一。与此同时,巨大人口规模的"除数效应"使得我国人均 GDP 的世界排位相对靠后,以中国式现代化推进中华民族伟大复兴依然任重道远。另外,随着时间的推移,人口结构的变迁尤其是人口老龄化,会给中国式现代化带来新的挑战。2021年,我国已正式迈入人口负增长的阶段,人口老龄化趋势已是必然,人口结构的巨大变迁势不可挡。为了稳步推进中国式现代化并实现中华民族伟大复兴,我们必然要未雨绸缪,为迎接新的人口结构及其调整做好各方面的准备。与此同时,发展不平衡不充分问题仍然突出,推进高质量发展还有许多卡点瓶颈,科技创新能力还不强;确保粮食、能源、产业链供应链可靠安全和防范金融风险还须解决许多重大问题;城乡区域发展和收入分配差距仍然较大;群众在就业、教育、医疗、托育、养老、住房等方面仍面临不少难题。我们要坚持以人民为中心的发展理念,克服重重困难,解决好人民群众急难愁盼等诸多问题,利用好人口规模巨大的比较优势,化解人口规模巨大带来的危机与挑战,继续推进中国式现代化。

第二节 全体人民共同富裕的现代化

党的二十大报告指出:"中国式现代化是全体人民共同富裕的现代化。共同富裕是中国特色社会主义的本质要求,也是一个长期的历史过程。我们坚持把实现人民对美好生活的向往作为现代化建设的出发点和落脚点,着力维护和促进社会公平正义,着力促进全体人民共同富裕,坚决防止两极分化。"全体人民共同富裕是中国式现代化有别于其他现代化模式的根本特征之一。全体人民共同富裕是中华优秀传统文化的题中之义,是社会主义的本质要求,是马克思主义的价值旨归,是中国共产党人的最高价值追求,是全社会各阶层的共同奋斗目标。

一、全体人民共同富裕是中华优秀传统文化的题中之义

中华优秀传统文化包含了全体人民共同富裕的文明基因。先秦时期,古代圣贤就提出了天下大同的社会理想,晏子倡导"薄于身而厚于民"、"权有无,均贫富"[①];老子倡导"损有余而补不足"、"有余者损之,不足者补之"[②]的道家哲思;墨子主张"有财者勉以分人"[③];孔子提出"大道之行也,天下为公,选贤与能,讲信修睦。故人不独亲其亲,不独子其子,使老有所终,壮有所用,幼有所长,矜寡孤独废疾者皆有所养,男有分,女有归。货恶其弃于地也,不必藏于己;力恶其不出于身也,不必为己。是故谋闭而不兴,盗窃乱贼而不作,故外户而不闭。是谓大同。"[④]先秦诸子百家对大同社会的设想,无不体现了士大夫阶层追求公平、渴望消除差别的文明基因。此后的士大夫阶层也曾提出建设理想社会的主张,李觏"平

---

① 张纯一:《晏子春秋校注》,梁运华校,中华书局2017年版,第111页。
② 《老子》,张存山注译,中州古籍出版社2008年版,第145页。
③ 《墨子》,方勇注译,中华书局2011年版,第79页。
④ 《礼记》,上海古籍出版社2004年版,第419页。

中国式现代化面面观

土均田"①的改良举措、张载"井地治天下"②的治理方案、王安石"抑豪强、伸贫弱"③的变法之策、王夫之"均天下"④的治国方略、太平天国"凡天下田,天下人同耕""有田同耕,有饭同食,有衣同穿,有钱同使"的政策等。随着历史车轮滚滚向前,历代仁人志士也为共同富裕的文明基因打上了时代的注脚。

传统社会中,为共同富裕文明基因打上历史注脚的主要是两类人,一是士大夫阶层,二是农民运动领袖。他们提出"均贫富"等主张的历史时期,一般是该王朝的矛盾高发期——土地兼并盛行时期,也即孔子所言的"礼崩乐坏"时期。在同一历史时期,这两类人提出"均贫富"的主张的时间呈现前后相继的规律:一旦土地兼并盛行,作为主要生产资料的土地高度集中,社会物质财富分配极度不平衡,就导致民不聊生,社会秩序混乱。为了维护稳定的统治局面,有远见的士大夫一般会提出抑制豪强、均田亩的改良主张,或许会给封建王朝注入一针"强心剂",一定程度上缓和社会矛盾,为封建王朝短暂的"续命",但土地兼并是传统农耕社会内生而不可克服的"慢性肿瘤",最终必然导致社会矛盾大爆发。此后,农民运动领袖会打着"等贵贱、均贫富"的口号,开展轰轰烈烈的农民起义,埋葬行将倾塌的封建王朝。旧王朝的覆灭和新王朝的建立,仅仅是相同或相近生产力水平之上的政治上层建筑的再次搭建,犹如"积木"般陷入搭了拆、拆了再搭的无尽循环之中。倡导"大同社

---

① 《李觏集》,王国轩校点,中华书局1981年版,第183页。
② 《张子全书》,林乐昌编校,西北大学出版社2015年版,第59页。
③ 李焘:《续资治通鉴长编》(第九册),中华书局2004年版,第56页。
④ 王夫之:《船山全书》(第三册),岳麓书社2011年版,第472页。

会"的仁人志士虽然未能找到建设理想社会的现实路径,但还是为我们保存了共同富裕的文明基因,在历史局限性中作出了自身的贡献。

二、全体人民共同富裕是社会主义的本质要求和马克思主义的价值旨归

空想社会主义理论中蕴含了共同富裕的理念。"以1516年莫尔的《乌托邦》发表为标志,社会主义距今已经有500多年的历史。"[①]500多年的社会主义史可以分为以下三个阶段:从空想到科学、从理论到实践、从一国到多国。这三阶段都有无数仁人志士不断探讨共同富裕的理论,探索共同富裕的实践路径。空想社会主义阶段,除我们熟悉的圣西门(1760—1825年,法国)、傅立叶(1768—1830年,法国)和欧文(1771—1858年,英国)三大空想社会主义学家之外,还有康帕内拉(1568—1639年,代表作《太阳城》,意大利)、闵采尔(1489—1525年,农民革命家,德国)、温斯坦莱(约1609—1676年,英国)、梅叶(1664—1729年,法国)、摩莱里(约1700—1780年,法国)、马布利(1709—1788年,法国)和巴贝夫(1760—1797年,法国)等杰出的思想家、革命家[②]。他们生活在资本主义的发端和发展之际,目睹了"羊吃人"的历史惨剧,亲历了资本主义早期残酷的血腥发迹史。马克思指出:"资本来到世

---

① 牛先锋、张逊:《把社会主义置于现实基础之上——读恩格斯〈社会主义从空想到科学的发展〉》,《中共中央党校(国家行政学院)学报》2020年第2期,第25-34页。

② 于幼军、黎元江:《社会主义五百年》(第一卷),广东教育出版社2011年版。

间，从头到脚，每个毛孔都滴着血和肮脏的东西。"①这些思想家、革命家本着朴素的公平正义理想，或者从理论上对资本主义及其私有制进行了无情地批判、对未来社会进行假想性预设，或者在现实中投身农民革命和无产阶级运动，抑或进行乌托邦式的社会主义试验②。无论是理论预设，还是革命斗争，他们都指向了一个共同的目标：建设无剥削、无压迫的平等社会，实现人民共同富裕。

马克思主义创始人发现了建设共同富裕的科学路径。资本主义经过了300多年的发展，其内在的矛盾——资本主义私有制与社会化大生产之间的矛盾——不断凸显，外在表现即是资本主义的周期性经济危机。马克思、恩格斯在吸收了德国古典哲学、英国政治经济学和空想社会主义的理论成果之后，揭露了资本主义的根本矛盾，发现了建设未来社会的主体力量——无产阶级，提出了变革社会的现实运动——无产阶级革命，发现了建设共同富裕的科学路径——共产党的领导和社会主义公有制。《共产党宣言》指出，"代替那存在着阶级和阶级对立的资产阶级旧社会的，将是这样一个联合体，在那里，每个人的自由发展是一切人的自由发展的条件。"③在无产阶级通过阶级革命夺取政权，消除了阶级差别之后，要实现每个人的自由全面发展还有两个前提条件：第一是社会生产力的极大提高，第二是全体人民共同富裕。前者是后者的基础。历史证明，没有社会生产力的极大提高，强行平分社会财富，不会带来全体人民共同富裕，而会导致全体社会成员的共同贫穷，甚至共同灾难。所

---

① 《马克思恩格斯文集》（第五卷），人民出版社2009年版，第871页。
② 指欧文在美国的社会主义试验。
③ 《马克思恩格斯文集》（第二卷），人民出版社2009年版，第53页。

第三章 中国式现代化的五大特征

以,马克思主义创始人所追求的共同富裕,是大历史观视域下的共同富裕,是建立在实实在在的生产力发展基础上的共同富裕。

苏俄对共同富裕进行了曲折的探索。俄国十月革命使社会主义从理论变为现实,共同富裕的追求也从理论探讨转为现实探索。苏俄成立之初,为了应付国内的敌对势力和国外的军事干涉,布尔什维克在经济上采取了"战时共产主义政策",保住了新生的社会主义政权。可惜的是,作为"战时共产主义政策"最为核心的"余粮征集制"在完成其重要历史使命之后,没有及时退出历史舞台,给新生的苏俄政权带来了巨大的风波[①]。自1921年3月中旬始,列宁所领导的苏俄政权全面实行"新经济政策",缓解了国内矛盾,为向社会主义过渡提供了有利条件。列宁为此写下了著名的《论粮食税》和《新经济政策和政治教育委员会的任务》两篇文章,其中不乏对共同富裕的期许。总的来看,全体人民共同富裕是贯穿社会主义运动史500多年的核心理念和本质要求,是马克思主义政党一以贯之的追求。

中华优秀传统文化的共同富裕的文明基因,与马克思主义的共同富裕思想高度契合。传统文化中"大同社会"的终极目标是建立等贵贱、均贫富、公平正义的理想型社会,而马克思主义的目标是建立无剥削、无压迫、人人自由全面发展的社会,二者的目标高度一致。传统社会农民运动领袖通过"等贵贱、均贫富"的口号完成

---

① 十月革命后,"战时共产主义"尽管使新生的苏维埃政权得到巩固,但在战争结束后的延续也造成了严重后果,导致政治经济形势不断恶化。农民、工人和士兵对此深感不满。1921年2月,彼得格勒发生大规模罢工,点燃了驻防喀琅施塔得的波罗的海舰队水兵积累已久的不满情绪,进而发动兵变,成立临时革命委员会,控制了喀琅施塔得。1921年3月17日,喀琅施塔得事件在苏俄强力镇压下平息。

社会组织动员,推翻旧王朝,建立新王朝,但由于无法克服自身和时代的历史局限性,其结果或是失败或是重演"历史周期率"。马克思主义倡导无产阶级联合体的革命,主张推翻资产阶级的统治,建立公有制,建设无阶级差别的共产主义社会。虽然二者在革命主体、未来社会的建设上有差别,但在革命方式上具有一致性。传统社会的仁人志士因历史的局限性,无法找到打开阶级斗争和私有制这两把无形的枷锁的钥匙。马克思主义解开了历史之谜,为中华民族送来了推翻旧社会、建设新世界的思想武器。因此,全体人民共同富裕不仅仅是马克思主义与中国实际相结合的产物,也是马克思主义与中华优秀传统文化相结合的产物。

三、全体人民共同富裕是中国共产党人的价值追求

中国共产党人的初心和使命蕴含了全体人民共同富裕的价值追求。党的十九大报告指出:"中国共产党人的初心和使命,就是为中国人民谋幸福,为中华民族谋复兴。"在不同的历史时段上,共产党人的初心有不同的表现形式。无论是在战火纷飞的革命战争年代,还是在如火如荼的社会主义建设时期,抑或是在历史转折的改革开放时期、"强起来"的新时代,中国共产党人始终秉承着"为中国人民谋幸福,为中华民族谋复兴"的初心和使命,一以贯之地为了追求全体人民的共同富裕而不懈努力。

"党的早期领导人李大钊就明确指出,'社会主义是要富的,不是要穷的',要使'人人均能享受平均的供给,得最大的幸福'。新民主主义革命时期,党根据当时农民占人口绝大多数的中国国情,

第三章　中国式现代化的五大特征

为了解决广大农民的生活温饱问题,积极开展'打土豪、分田地'运动,并明确指出中国要走'节制资本'和'平均地权'的道路。作为建国时期的'大宪章',《中国人民政治协商会议共同纲领》以'人民经济'和人民'生活优裕'的社会正义原则,为实现人民'共同富裕'目标奠定了基础。1954年《中华人民共和国宪法》确立了社会主义过渡时期总路线之后,毛泽东同志提出'现在我们实行这么一种制度,这么一种计划,是可以一年一年走向更富更强的,一年一年可以看到更富更强些。而这个富,是共同的富,这个强,是共同的强,大家都有份。'改革开放以后,邓小平同志强调'社会主义的本质,是解放生产力,发展生产力,消灭剥削,消除两极分化,最终达到共同富裕。'"[①]

党的十八大之后,中国特色社会主义进入新时代。2014年10月17日,习近平总书记对扶贫开发工作作出的重要批示指出:"共同富裕是社会主义的本质要求。"2017年10月25日,习近平总书记在十九届中央政治局中外记者见面会上指出:"全面建成小康社会,一个也不能少;共同富裕路上,一个也不能掉队。"2015年,习近平总书记在党外人士座谈会上的讲话强调:"我们追求的发展是造福人民的发展,我们追求的富裕是全体人民共同富裕。"经过不懈努力,我们党在推进共同富裕的进程中取得了举世瞩目的成就。一是我们经过接续奋斗,实现了小康这个中华民族的千年梦想,我国发展站在了更高历史起点上。我们坚持精准扶贫、尽锐出战,打赢了人类历

---

① 程连升:《建设全体人民共同富裕的现代化》,《新理财》2022年第12期,第12-15页。

史上规模最大的脱贫攻坚战,历史性地解决了绝对贫困问题,为全球减贫事业作出了重大贡献。二是我们要在坚持共享发展的基础上,稳步推进共同富裕。历史的经验表明,没有持续、健康的经济发展,共同富裕只能是镜中花、水中月。我们必须始终坚持以人民为中心的发展理念,不断推进各项事业的均衡发展,为推进全体人民共同富裕打下坚实的物质基础。2015年11月7日,习近平总书记在新加坡国立大学演讲时指出:"就是要坚持发展为了人民、发展依靠人民、发展成果由人民共享,使全体人民在共建共享发展中有更多获得感,朝着共同富裕方向稳步前进。"2021年1月28日,习近平总书记在十九届中央政治局第二十七次集体学习时的讲话指出:"促进全体人民共同富裕是一项长期任务,也是一项现实任务,必须摆在更加重要的位置,脚踏实地,久久为功,向着这个目标作出更加积极有为的努力。"可以说,中国共产党的光辉历史,就是党带领人民不断实现共同富裕的奋斗史。

四、全体人民共同富裕是跳出历史周期率的关键一招

历史周期率,即"其兴也勃焉,其亡也忽焉",语出《左传·庄公十一年》:"禹、汤罪己,其兴也悖①焉,桀、纣罪人,其亡也忽焉。"历史周期率,就是我国传统社会中历代王朝大致都会经历初期建立、中兴、衰退和覆灭的循环。

历史周期率的问题是黄炎培和毛泽东在著名的"窑洞对"时提出的。1945年7月抗战胜利前夕,爱国民主人士黄炎培曾在延安窑

---

① 悖,通"勃",茂盛、突然的意思。

洞向毛泽东同志提出中国共产党是否可以跳出"历史周期率"的问题，毛泽东同志回答说："我们已经找到新路，我们能跳出这周期率。这条新路，就是民主。只有让人民来监督政府，政府才不敢松懈。只有人人起来负责，才不会人亡政息。"

其实，黄炎培关于"历史周期率"还有第二问。1949年春，黄炎培逃脱国民党特务的监视后，一到北京，就急切地向毛泽东同志请教：上次你谈起跳出"历史周期率"的问题，贵党已找到新路，就是民主。敢问贵党的"民主"但指何物？毛泽东同志先让黄炎培坐下，然后胸有成竹地笑道："民主，就是人民当家作主！"这短短一句话，振聋发聩，直指民主的本质，说得黄炎培连连点头。①

从毛泽东当时的回答来看，他针对黄炎培所提出的"勃"与"忽"的问题，从权力与人民监督的关系角度作了解答。当前，我们还可以从其他角度来认识历史周期率的问题。

从唯物史观的视角分析，历史周期率的内在原因在经济基础，外在形式在政治上层建筑。我国传统社会自给自足的小农经济长达几千年。在一个王朝的上升期，社会生产力有量的增长，但没有质的转变。社会财富在统治者、官僚阶层、乡绅地主、自耕农和佃农之间进行不均衡分配。进入和平稳定时期，统治者和官僚阶层人数不断攀升，一旦开始土地兼并，大量自耕农失去土地，转变为佃农。佃农数量的增加导致劳动力贬值，地租就随之提高，一般民众获取的劳动产品在社会财富中所占比重急剧下降。正所谓"仓廪实而知礼节，衣食足而知荣辱"，如果普通劳动者食不果腹，衣不遮体，甚

---

① 《毛泽东说：民主，就是人民当家作主！》，《昆仑策》2023年1月21日。

中国式现代化面面观

至易子相食,那么维护统治阶级利益的意识形态也就丧失了整合社会成员的效能,社会秩序必然陷入混乱,封建王朝的倾塌也只是时间问题。新中国建立之初,我们党曾经想直接从社会财富分配入手,实行"一大二公"政策。历史地看,这是我们党缺乏社会主义建设经验,急于求成,陷入理想主义的漩涡而实行的错误政策。其结果伤及广大群众的积极性,一定程度上阻碍了我国的现代化进程。

当前,我们应该从发展与分配的辩证关系入手,来解析历史周期率的问题;从全体人民共同富裕入手,来破解历史周期率的难题。前面说,封建王朝覆灭的根本原因,与其说是生产力滞长和土地兼并,毋宁说是发展和分配都出了问题。我们已经建立了世界上最完备的工业体系,经济总量全球第二。从所有制结构看,我们已经建成世界上最大的公有制为主体、多种所有制经济共同发展的社会主义市场经济体,健全了以按劳分配为主体、多种分配方式并存的社会主义基本分配制度。我们实现了物质生产领域的现代化转型,实现了资源分配方式的市场化转向。经过党和全国各族人民的百年奋斗,我们终于全面建成小康社会。我们追求的发展是造福人民的发展,我们追求的富裕是全体人民共同富裕。中国式现代化征程中发展与分配的关系,是以发展推进共同富裕,以共同富裕激发全体人民的积极性和创造力,再推动社会发展,如此循环往复。同时,我们必须时刻谨记"共同富裕是一项长期任务",不断推进社会经济发展,为共同富裕奠定坚实的物质基础。我们要用共同富裕来检验经济发展的质量,校验党和国家的治理效能。当我们稳步推进全体人民共同富裕时,人民不断共享改革和发展成果,不断提升获得感、满足感和幸福感,党和政府的凝聚力、向心力必然不断增强,历史周期率问题自然迎刃而解。

五、全体人民共同富裕应是全社会各阶层的共同奋斗目标

2017年10月25日,习近平总书记在十九届中央政治局中外记者见面会上的讲话强调:"全面建成小康社会,一个也不能少;共同富裕路上,一个也不能掉队。"我们不仅要在共享改革成果走向共同富裕时,一个也不能少,一个也不能掉队,而且在建设共同富裕的路上,同样一个也不能少,一个也不能掉队。在全面建成小康社会的基础上,我们已经进入稳步推进全体人民共同富裕的历史阶段,共同富裕是几千年来中华儿女的共同心愿,其必然是也必将是全社会各阶层的共同奋斗目标。习近平总书记指出,"中国要实现共同富裕,但不是搞平均主义,而是要先把'蛋糕'做大,然后通过合理的制度安排把'蛋糕'分好,水涨船高、各得其所,让发展成果更多更公平惠及全体人民。"①

促进全体人民共同富裕首要在发展。空想社会主义思想家、革命家和践行者以文学、哲学或者社会试验的方式探讨并探索共同富裕之路,最终都归于失败。其原因,除了资产阶级的强大统治和压迫以外,更重要的是资本主义私有制和相对低下的社会生产力所限。传统社会的大同理想之所以无法实现,根本原因在于农耕文明社会生产力水平低下。改革开放以来,我们党始终把发展放在一切

---

① 习近平:《坚定信心 勇毅前行 共创后疫情时代美好世界》,人民出版社2022年版,第9页。

工作的首位。全体中国人认识到，贫穷不是社会主义，社会主义的本质是解放生产力、发展生产力。新时代，共同富裕不是搞平均主义，而是贯彻新发展理念，完成高质量发展，做大"蛋糕"，再分好"蛋糕"。人民群众是历史的创造者，是物质财富的创造者，是精神财富的创造者，因此，社会发展的动力在人民。全社会各阶层要充分尊重人民的首创精神，积极调动人民的积极性，激活人民群众的创造力，有力推动高质量发展。只有如此，共同富裕方能行稳致远。

促进全体人民共同富裕核心在再分配。发展为了人民、发展依靠人民、发展成果由人民共享。人民共享更多改革和发展成果是实现全体人民共同富裕的必由之路，是尊重人民首创精神的集中体现，是调动人民积极性，激活人民创造力的关键一招。改革开放40多年来，我们建立了以公有制为主体、多种所有制经济共同发展的社会主义市场经济制度，健全了按劳分配为主体、多种分配方式并存的社会主义基本经济制度。当前，随着信息技术的爆发式增长，社会物质生产方式不断发展，信息传播方式纷繁复杂，社会财富分配方式也随之变化发展，我们依然面临贫富差距不断扩大的风险和挑战。只有牢牢扭住初次分配、再分配和第三次分配协调配套的分配体制这个"牛鼻子"，才能真正推进全体人民共同富裕的伟大进程。党的二十大报告强调，"坚持按劳分配为主体、多种分配方式并存，构建初次分配、再分配、第三次分配协调配套的制度体系。努力提高居民收入在国民收入分配中的比重，提高劳动报酬在初次分配中的比重。坚持多劳多得，鼓励勤劳致富，促进机会公平，增加低收入者收入，扩大中等收入群体。完善按要素分配政策制度，探索多种渠道增加中低收入群众要素收入，多渠道增加城乡居民财产性收入。加大税收、社会保障、转移支付等的调节力度。完善个人所得税制度，规范收入分配秩序，规范财富积累机制，保护合法收入，调节过高收入，取缔非法收入。"全社会各阶层要坚定不移地贯彻执行党中央关于调节分配的各项制度、决策。

促进全体人民共同富裕关键在党。一是要让全社会各阶层正确认识共同富裕的真正内涵。促进全体人民共同富裕不是"搞平均主义"，不是"劫富济贫"，不是搞"一大二公"，而是合理分配社会财富，调节贫富差距，使发展与分配、积累与消费达到优化组合，以有利于社会主义现代化强国建设。二是要让全社会各阶层正确认识到，促进全体人民共同富裕是一项长期任务，也是一项艰巨的任务。促进全体人民共同富裕是亿万中华儿女的共同心愿，若是操之过急，不仅不能达成全体人民共同富裕的长远目标，反而可能延缓甚至中断中华民族伟大复兴的历史进程。三是要统筹发展与分配、积累与消费、先富与后富的关系。既要"完整、准确、全面贯彻新发展理念，坚持社会主义市场经济改革方向，坚持高水平对外开放，加快构建以国内大循环为主体、国内国际双循环相互促进的新发展格局"[1]，又要"坚持按劳分配为主体、多种分配方式并存，构建初次分配、再分配、第三次分配协调配套的制度体系。"[2]更为重要的是，我们要发挥多种媒体的融合作用，宣传共同富裕的真实内

---

[1] 习近平：《高举中国特色社会主义伟大旗帜 为全面建设社会主义现代化国家而团结奋斗》（2022年10月16日），《人民日报》2022年10月26日。

[2] 习近平：《高举中国特色社会主义伟大旗帜 为全面建设社会主义现代化国家而团结奋斗》（2022年10月16日），《人民日报》2022年10月26日。

涵，引导先富起来的企业家能够主动、积极地为促进共同富裕做出持续的努力和贡献；引导普通民众认识到共同富裕的长期性和艰巨性，戒除"等、靠、要"的思想弊病，不断发挥自身能动性和创造力，融入促进共同富裕的历史大潮中。四是发扬自我革命精神。党的自我革命精神是促进全体人民共同富裕的保障。党的奋斗历史证明，革命、建设和改革的道路不是一帆风顺的，既有外界客观原因给我们带来的干扰，也有我们党自身主观原因而导致的停滞不前，但无论是客观还是主观的障碍，都被我们党的自我革命精神所化解。促进全体人民共同富裕是一项艰巨而长期的历史任务，会遭遇一些结构性矛盾，发生一些不可预测的问题。只有弘扬自我革命精神，才能保证我们党时刻检验自身能否端起历史的望远镜，检视自身是否站在历史正确的一面，从而在促进全体人民共同富裕的大道上不断前进。

第三节　物质文明和精神文明相协调的现代化

党的二十大报告指出："中国式现代化是物质文明和精神文明相协调的现代化。物质富足、精神富有是社会主义现代化的根本要求。物质贫困不是社会主义，精神贫乏也不是社会主义。我们不断厚植现代化的物质基础，不断夯实人民幸福生活的物质条件，同时大力发展社会主义先进文化，加强理想信念教育，传承中华文明，促进物的全面丰富和人的全面发展。"物质文明建设和精神文明建设是科学社会主义的内在要求，二者不可偏废。中国式现代化遵循科学社会主义的原则，坚持物质文明和精神文明协调发展。唯物史观认为，社会存在决定社会意识，生产力决定生产关系，经济基础决定上层建筑，物质生产决定社会生产的其他方面，因此，物质文明建设在社会发展中起决定性作用。精神文明建设也是中国式现代化中不可或缺的重要方面。唯物史观认为，社会意识对社会存在有反作用；同理，上层建筑对经济基础也有反作用。精神文明建设属于观念上层建筑的一部分，对物质文明建设有反作用。中国特色社会主义精神文明建设能够引领社会发展，凝聚社会力量，助力物质文明建设。

首先，中国共产党历来重视物质文明建设与精神文明建设的协调推进。在社会生产相对落后的社会主义国家进行精神文明建设，是社会主义运动的巨大成果。"卡夫丁峡谷"问题是东西方马克思主义争论的焦点之一，其核心争论点是：物质生产落后的国家能否建立超越资本逻辑的社会主义制度，能否持续推进社会主义建设。马克思主义是在西方发达资本主义先进生产力基础上绽放的人类文明之花。在人类历史由民族史、地域史向世界历史转变的过程中，广泛的世界交往给社会生产相对落后的国家和地区送来了先进的社会主义文明。俄国十月革命首次将社会主义从理论转变为实践，又将社会主义从一国传播到多国。我国的社会主义制度正是在国际共运发展的浪潮中，由中国共产党人带领全国各族人民经过几十年的艰辛探索才建立的。在一穷二白的基本国情下建设社会主义，物质文明建设刻不容缓，但是中国共产党人并未因此而低估精神文明建设的重大意义。

中国式现代化面面观

其次,中国共产党人遵循人类社会发展规律,把握社会主义建设规律,高度重视物质文明建设。正如前文所述,在"一五"计划、"二五"计划的制定和执行过程中,中国共产党始终把物质生产摆在社会主义建设的重要位置。改革开放以来,以邓小平同志为核心的党的第二代中央领导集体,果断结束了"以阶级斗争为纲"的错误路线,始终坚持以经济建设为中心,大力建设物质文明。邓小平同志指出:"社会主义的本质,是解放生产力,发展生产力,消灭剥削,消除两极分化,最终达到共同富裕。"[①]新时代,习近平总书记提出"创新、协调、绿色、开放、共享"的新发展理念,着力推进高质量发展,推动构建新发展格局。物质文明建设是满足人民美好生活需要的物质基础。新的历史起点上,中国共产党牢牢抓住社会主要矛盾的主要方面,推动全面深化改革,推进产业转型升级,调整产业结构,在构建全产业链的基础上,不断提高高附加值产业的比重,为建设社会主义现代化强国奠定了物质基础。

再次,在大力推进物质文明建设的同时,中国共产党牢牢把握精神文明建设的主动性。1986年,党的十二届六中全会通过的《中共中央关于社会主义精神文明建设指导方针的决议》明确提出:"在社会主义时期,物质文明为精神文明的发展提供物质条件和实践经验,精神文明又为物质文明的发展提供精神动力和智力支持,为它的正确发展方向提供有力的思想保证。社会主义精神文明建设,是关系社会主义兴衰成败的大事。"[②]1996年10月,党的十四届六中

---

① 《邓小平文选》(第三卷),人民出版社1993年版,第373页。
② 《中共中央关于社会主义精神文明建设指导方针的决议》,人民出版社1986年版,第2页。

第三章　中国式现代化的五大特征

全会作出《中共中央关于加强社会主义精神文明建设若干重要问题的决议》，会议提出，从1996年到2010年，是建设有中国特色社会主义事业承前启后、继往开来的重要时期。在这个时期，要巩固和发展党的十一届三中全会以来取得的伟大成就，促进经济体制和经济增长方式的根本性转变，推动经济发展和社会全面进步；要面对世界范围各种思想文化相互激荡和科学技术的迅猛发展，迎接综合国力剧烈竞争的挑战；要在前进道路上战胜各种困难，坚持党的基本路线不动摇。这一切，不仅要求物质文明有一个大的发展，而且要求精神文明有一个大的发展。必须指出，社会主义精神文明是社会主义社会的重要特征，是现代化建设的重要目标和重要保证。建设社会主义精神文明，关系跨世纪宏伟蓝图的全面实现，关系我国社会主义事业的兴旺发达。物质文明是基础，经济建设这个中心必须牢牢把握，毫不动摇，但是精神文明搞不好，物质文明也要受破坏，甚至社会也会变质。在把物质文明建设搞得更好的同时，切实把精神文明建设提到更加突出的地位，认真解决当前一系列紧迫问题，进一步开创新形势下精神文明建设的新局面，已经成为全党和全国各族人民极其关注的大事。中国特色社会主义进入新时代，习近平总书记多次强调物质文明和精神文明协调发展的重要性。2014年3月27日，习近平主席在联合国教科文组织总部的演讲时指出："实现中国梦，是物质文明和精神文明均衡发展、相互促进的结果。没有文明的继承和发展，没有文化的弘扬和繁荣，就没有中国梦的实现。"中华民族的先人们早就向往人们的物质生活充实无忧、道德境界充分升华的大同世界。中华文明历来把人的精神生活纳入人生和社会理想之中。所以，实现中国梦，是物质文明和精神文明比翼双飞的发展过程。随着中国经济社会不断发展，中华文明也必将顺应时代发展焕发出更加蓬勃的生命力。

最后，新时代，我们党深化了对精神文明建设规律的认识，提出了社会主义精神文明建设的新方略。一是在道路自信、理论自信和制度自信的基础上，提出了文化自信。2014年2月24日，习近平总书记在中央政治局第十三次集体学习中提出，要"增强文化自信和价值观自信"。2014年10月15日，习近平总书记在文艺工作座谈会上的讲话中指出："增强文化自觉和文化自信，是坚定道路自信、理论自信、制度自信的题中应有之义。"2014年12月20日下午，习近平总书记在和澳门大学学生座谈时指出："建立制度自信、理论自信、道路自信，还有文化自信。文化自信是基础。"从"三个自信"到"四个自信"，不仅凸显了精神文明建设在中国式现代化建设中的突出地位，而且彰显了中国共产党深化了对精神文明建设规律的认识。二是提出了精神文明建设的新方案，推动中华优秀传统文化的创造性转化和创新性发展。"每一种文明都延续着一个国家和民族的精神血脉，既需要薪火相传、代代守护，更需要与时俱进、勇于创新。中国人民在实现中国梦的进程中，将按照时代的新进步，推动中华文明创造性转化和创新性发展，激活其生命力，把跨越时空、超越国度、富有永恒魅力、具有当代价值的文化精神弘扬起来，让收藏在博物馆里的文物、陈列在广阔大地上的遗产、书写在古籍里的文字都活起来，让中华文明同世界各国人民创造的丰富多彩的文明一道，为人类提供正确的精神指引和强大的精神动力。"①三是多维度建构中国特色社会主义话语体系,提升国际话语权。"文化自信,是更基础、更广泛、更深厚的自信。在5000多年文明发展中孕育的中华优秀传统文化,在党和人民伟大斗争中孕育的革命文化和社会主义先进文化,积淀着中华民族最深层的精神追求,代表着中华民族独特的精神标识。我们要弘扬社会主义核心价值观,弘扬以爱国主义为核心的民族精神和以改革创新为核心的时代精神,不断增强全党全国各族人民的精神力量。"②将中华优秀传统文化、革命文化和社会主义先进文化融通发展,多维度构建中国特色社会主义话语体系,促进了精神文明建设,有效提升了我们的国际话语权。

第四节 人与自然和谐共生的现代化

党的二十大报告指出:"中国式现代化是人与自然和谐共生的现代化。人与自然是生命共同体,无止境地向自然索取甚至破坏自然必然会遭到大自然的报复。我们坚持可持续发展,坚持节约优先、保护优先、自然恢复为主的方针,像保护眼睛一样保护自然和生态环境,坚定不移走生产发展、生活富裕、生态良好的文明发展道路,实现中华民族永续发展。"中国式现代化是人与自然和谐共生的现代

---

① 习近平:《在联合国教科文组织总部的演讲》,《人民日报》2014年3月28日。
② 习近平:《在庆祝中国共产党成立95周年大会上的讲话》,人民出版社2016年版,第13页。

化。人与自然和谐共生是中华优秀传统文化中生态文明基因的当代表达,是马克思主义理论和推进社会主义建设的重要内容,是中国共产党和中国人民的伟大抉择,是人类社会发展的共同需求。我们必须牢固树立人与自然和谐共生理念,深入推进中国式现代化建设。

一、人与自然和谐共生是中华优秀传统文化中生态文明基因的当代表达

中国博大精深的传统文化蕴含着丰富的生态文明思想,对新时代我国生态文明建设有着重要的智慧启迪。我们要积极从中华优秀传统文化中汲取生态文明智慧,牢固树立社会主义生态文明观。

首先,中华优秀传统文化中蕴含着丰富的生态文明基因。早在两千多年前,古代先贤就认识到人与自然的辩证统一关系,提出了"天人合一""道法自然"的哲理思想。要理解儒家提倡的"天人合一"哲理思想,首先要理解"天"的内涵。根据我国著名哲学家张岱年先生的解读,"所谓天有三种涵义:一指最高主宰,二指广大自然,三指最高原理。"[1]显然第一层涵义具有一定的历史局限性[2],我们选择后两种涵义,而且我们可以把第三层涵义理解为自然界的各种规律。从现代视角分析,"天人合一"的第一层涵义是,天生万物,即大自然孕育了所有的生命体,为人类的繁衍生息提供物质和

---

[1] 张岱年:《中国哲学中"天人合一"思想的剖析》,《北京大学学报》(哲学社会科学版),1985年第1期,第3-10页

[2] 这里所指"局限性"并非指张岱年先生解读的局限性,而是指农业文明中产生的哲理思想本身的局限性。

能量。第二层涵义是，人高于其他生物，能够更好地开发和利用自然。第三层涵义是，人应当顺应天道（自然规律），合理利用自然资源。儒家"天人合一"的哲理思想彰显了人与自然的辩证统一关系。道家提倡"道法自然"的哲理思想，老子在《道德经》中指出："人法地，地法天，天法道，道法自然。"人效法地，地效法天，天效法道，而道本身则自然而然。将"天、地、人"统摄于形而上的"道"之下，充分体现了道家将人与自然看作一个整体的哲学思想。

其次，中华优秀传统文化中蕴含对自然资源的开发和利用要"取之有时、取之有度"的原则。关于"取之有时"的原则，荀子说："草木荣华滋硕之时，则斧斤不入山林，不夭其生，不绝其长也；鼋鼍、鱼鳖、鳅鳝孕别之时，罔罟、毒药不入泽，不夭其生，不绝其长也。"民间也有"劝君莫打三春鸟，儿在巢中望母归"的说法。春天是动植物繁殖生长的重要季节。对自然资源的利用一定要遵循自然规律，取之有时；否则，必将导致生物链的断裂，导致自然资源再生系统遭到破坏，逐渐衰竭或者枯竭，从而危害人类自身的生存和发展。关于"取之有度"的原则，孔子说："子钓而不纲，弋不射宿。"意思是不用大网打鱼，不射夜宿之鸟。《吕氏春秋》中说："竭泽而渔，岂不获得？而明年无鱼；焚薮而田，岂不获得？而明年无兽。""取之有时、取之有度"的原则体现了中国古人对可再生自然资源的内在规律的认识，也体现了处理当代人与后代人在利用自然资源方面的关系问题。当代人要为后代的生存发展保留足够的空间。

最后，历史上曾有因过度开发导致生态环境严重破坏而消逝的文明。古代一度辉煌的楼兰文明已被埋藏在万顷流沙之下，那里当年曾经是一块水草丰美之地。河西走廊、黄土高原都曾经水丰草茂，由于毁林开荒、乱砍滥伐，致使生态环境遭到严重破坏，加剧了经济衰落。唐代中叶以来，我国经济中心逐步向东、向南转移，很大程度上同西部地区生态环境变迁有关。与其他古代文明相较，我国传统社会属于生态保护做得比较好的。我国传统社会对土地资源的利用和保护属于世界范围的典范。古代埃及、古代巴比伦、古代印度、古代中国四大文明古国均发源于森林茂密、水量丰沛、田野肥沃的地区。奔腾不息的长江、黄河哺育了灿烂的中华文明，而生态环境衰退特别是严重的土地荒漠化则导致古代埃及、古代巴比伦衰落。很多国外学者曾经专门研究过我国传统社会土地资源利用和保护的案例。我国自古代以来一直是一个人口大国，在漫长的历史中，以相对有限的土地资源养活了巨大的人口，但是土地的肥力衰减却很少，专家们一致认为，我国古人的生态保护意识要明显强于其他很多古代民族。

在充分认识到人与自然和谐共生的现代化是传统生态文明基因的当代表达的同时，我们也要看到，中华优秀传统文化产生的经济基础是小农经济，其必然有一定的历史局限。我们要注重推进中华优秀传统文化的创造性转化和创新性发展，使之与中国式现代化的具体实际相结合，成为现代生态文明的重要组成部分。

二、人与自然和谐共生是马克思主义理论和推进社会主义建设的重要内容

人与自然和谐共生，是马克思主义经典作家在探究经济社会发

展规律时自始至终坚持的重要原则,也是我们社会主义建设的重要内容。

首先,马克思主义创始人十分重视人与自然的相互关系,人与自然和谐共生是马克思主义的重要内容。

人与自然和谐共生是马克思主义的必然要求。马克思主义创始人十分重视人与自然的相互关系。马克思在《1844年经济学哲学手稿》中指出:"共产主义是对私有财产即人的自我异化的积极的扬弃,因而是通过人并且为了人而对人的本质的真正占有;因此,它是人向自身、也就是向社会的即合乎人性的人的复归,这种复归是完全的复归,是自觉实现并在以往发展的全部财富的范围内实现的复归。这种共产主义,作为完成了的自然主义,等于人道主义,而作为完成了的人道主义,等于自然主义,它是人和自然界之间、人和人之间的矛盾的真正解决,是存在和本质、对象化和自我确证、自由和必然、个体和类之间的斗争的真正解决。它是历史之谜的解答,而且知道自己就是这种解答。"①在这里马克思指出,资本主义社会人与自然的矛盾很突出,而这一矛盾的根源在于资本主义私有制,即资本增殖的本性。要解决人与自然的矛盾,必须完成对资本主义私有财产和私有制的扬弃。扬弃了资本主义私有财产和私有制的共产主义,是完成了的人道主义,也就是以人自身的发展为核心的新的社会形态,克服了资本无限增殖的本性,推翻了"物"奴役"人"的现实状况,使人能够真正占有自身的本质,占有自己的劳动成果。这种共产主义作为完成了的自然主义,敬畏自然,尊重自然

---

① 《马克思恩格斯文集》(第一卷),人民出版社2009年版,第185-186页。

规律，以人的生存和发展需要为准绳，合理开发和利用自然资源，而非以资本增殖为核心盲目开发利用自然资源，甚至以破坏生态环境为代价满足资本增殖的需要。

同时，马克思在《1844年经济学哲学手稿》中指出："人直接地是自然存在物。人作为自然存在物，而且作为有生命的自然存在物，一方面具有自然力、生命力，是能动的自然存在物。这些力量作为天赋和才能、作为欲望存在于人身上；另一方面，人作为自然的、肉体的、感性的、对象性的存在物，同动植物一样，是受动的、受制约的和受限制的存在物，就是说，他的欲望的对象是作为不依赖于他的对象而存在于他之外的；但是，这些对象是他的需要的对象；是表现和确证他的本质力量所不可缺少的、重要的对象。"这里马克思强调，人是自然界演化的产物，人作为有生命的自然存在物，既是能动的存在物，也是手动的存在物。作为能动的存在物，人具有自然力、生命力，拥有天赋、才能和欲望，并在欲望的驱动下，改造自然界，创造对象世界，满足自身生存发展的需要。作为受动的存在物，人需要的对象是人之外的独立存在，需要的满足、能力的展现、本质的确证都需要这个外在的存在物，因而人受制于外在存在物及其运动规律。另外，马克思在主客二分的基础上，进一步指出了人与自然的统一性，"自然界，就它自身不是人的身体而言，是人的无机的身体。人靠自然界生活。这就是说，自然界是人为了不致死亡而必须与之处于持续不断的交互作用过程的、人的身体。所谓人的肉体生活和精神生活同自然界相联系，不外是说自然界同自身相联系,因为人是自然界的一部分"①。

恩格斯在《自然辩证法》中强调生态环境对人类生存发展的重要性,告诫人们要从人类社会曾经的惨痛经历中吸取教训,不能盲目开发利用自然资源,要尊重自然规律,合理开发和利用自然资源。"我们不要过分陶醉于我们人类对自然界的胜利。对于每一次这样的胜利,自然界都对我们进行报复。每一次胜利,起初确实取得了我们预期的结果,但是往后和再往后却发生完全不同的、出乎预料的影响,常常把最初的结果又消除了。美索不达米亚、希腊、小亚细亚以及其他各地的居民,为了得到耕地,毁灭了森林,但是他们做梦也想不到,这些地方今天竟因此而成为不毛之地,因为他们使这些地方失去了森林,也就失去了水分的积聚中心和贮藏库。阿尔卑斯山的意大利人,当他们在山南坡把那些在山北坡得到精心保护的枞树林砍光用尽时,没有预料到,这样一来,他们就把本地区的高山畜牧业的根基毁掉了;他们更没有预料到,他们这样做,竟使山泉在一年中的大部分时间内枯竭了,同时在雨季又使更加凶猛的洪水倾泻到平原上。在欧洲推广马铃薯的人,并不知道他们在推广这种含粉块茎的同时也使瘰疬症传播开来了。因此我们每走一步都要记住:我们决不像征服者统治异族人那样支配自然界,决不像站在自然界之外的人似的去支配自然界——相反,我们连同我们的肉、血和头脑都是属于自然界和存在于自然界之中的。我们对自然界的整个支配作用,就在于我们比其他一切生物强,能够认识和

---

① 《马克思恩格斯文集》(第一卷),人民出版社2009年版,第161页。

中国式现代化面面观

正确运用自然规律。"①"特别自本世纪自然科学大踏步前进以来,我们越来越有可能学会认识并从而控制那些至少是由我们的最常见的生产行为所造成的较远的自然后果。"②

其次,人与自然和谐共生是社会主义建设的重要内容。

社会主义理论经过300多年的发展,在马克思、恩格斯的强力推动下,实现了从空想到科学的飞跃。俄国十月革命使社会主义从理论成为现实,二战后社会主义从一国走向多国。社会主义国家以马克思主义为指导,开展社会主义建设,必然要求实现人与自然和谐共生的现代化。社会主义现代化是超越资本逻辑、以人的自由全面发展为核心要义的现代化。资本主义社会是以资本增殖为最高目标的社会形态,在资本面前,不仅雇佣工人丧失自身主体性沦为资本增殖的工具,而且资本家也仅仅表现为资本的人格化,从而丧失了主体性。资本是人的独立性的基础,而且人(资本家和雇佣工人)只有依赖资本才能获得抽象的独立性。社会主义扬弃了资本主义私有制,建立公有制,超越了资本逻辑,构建了以人的自由全面发展为核心要义的生产方式。当代人的自由全面发展离不开良好的生态环境,后世人的自由全面发展也离不开良好的生态环境,因此社会主义既要处理好当代人与自然的关系,还要处理好当代人自由全面发展需要与后世人自由全面发展需要之间的关系。因此,社会主义建设必须也必然要走人与自然和谐共生的道路。

---

① 《马克思恩格斯文集》(第九卷),人民出版社2009年版,第559-560页。
② 《马克思恩格斯文集》(第九卷),人民出版社2009年版,第560页。

三、人与自然和谐共生是中国共产党和中国人民的伟大抉择

生态文明思想的历史和实践逻辑,是党和人民在不同发展阶段推进生态文明建设和生态环境保护的伟大抉择。回顾做出这一重要抉择的辉煌历史,有助于我们不断总结生态文明建设的成功做法和宝贵经验,不断满足人民日益增长的享受优美生态环境需要。

1973年8月,第一次全国环境保护会议在北京召开。这次会议确定了"全面规划,合理布局,综合利用,化害为利,依靠群众,大家动手,保护环境,造福人民"的32字环境保护方针,拉开了新中国环境保护事业的序幕。会议讨论通过了《关于保护和改善环境的若干规定(试行草案)》,制定了《关于加强全国环境监测工作意见》和《自然保护区暂行条例》。这次会议的重要意义有以下几个方面:一是,这次会议首次承认社会主义制度的中国,也存在比较严重的环境问题,需要认真治理。二是,这次会议是新中国开创环境保护事业的第一个里程碑,标志着环境保护在中国开始列入各级政府的职能范围。三是,会议期间制定的环境保护方针、政策和措施,为开创中国的环境保护事业指明了方向,抓住了重点,确定了目标和任务。四是,会议之后,从中央到地方,有关部门相继建立了环境保护机构,着手对一些污染严重的工业企业、城市和江河进行初步治理,中国的环境保护工作开始起步。1974年,邓小平同志在会见刚果友好代表团时就指出,污染问题必须解决,"去年我陪加拿大总理特鲁多去看漓江的时候,河水污染得不像样,都黑了。这

中国式现代化面面观

表明污染问题是必须解决的……我们国家的污染问题没有欧洲、日本和美国那么严重,但也还是一个很大的问题。污染问题是一个世界性的问题。我们现在进行建设就要考虑处理废水、废气、废渣这三废。这个问题我们注意得晚了一点,不过处理起来比资本主义发达国家容易一些就是了"[1]。1975年,邓小平同志主持整顿工作,起草了《关于加快工业发展的若干问题》,明确指出,"要坚决消除'三废'污染,保护环境,保护职工身体健康。新建项目,不安排好处理'三废'的措施,不准施工。老城市和现有企业,要有计划地解决污染问题。"[2]

1983年12月31日至1984年1月7日,第二次全国环境保护会议在北京召开。这次会议将环境保护确立为基本国策,制定了经济建设、城乡建设和环境建设同步规划、同步实施、同步发展,实现经济效益、社会效益、环境效益相统一的指导方针。本次会议的主要成果及其意义有以下几个方面:一是总结了中国环保事业的经验教训,从战略上对环境保护工作在社会主义现代化建设中的重要位置做出了重大决策。会议宣布,保护环境是我国必须长期坚持的一项基本国策。环境保护确立为基本国策,极大地增强了全民的环境保护意识,并把环境保护意识升华为国策意识。二是制定了中国环境保护的总方针、总政策,即经济建设、城乡建设、环境建设,同步规划、同步实施、同步发展,实现经济效益、社会效益和环境效益相统一。这一方针政策的确立,奠定了符合中国国情的环境保护事业的

---

[1] 《邓小平文集(1949—1974年)》(下卷),人民出版社2014年版,第381页。
[2] 《胡乔木传》编写组编:《邓小平的二十四次谈话》,人民出版社2004年版,第162页。

基础。三是会议提出，要把强化环境管理作为环境保护工作的中心环节，长期坚持，抓住不放。四是推出了以合理开发利用自然资源为核心的生态保护策略，防治对土地、森林、草原、水、海洋以及生物资源等自然资源的破坏，保护生态平衡。五是建立与健全环境保护的法律体系，加强环境保护的科学研究，把环境保护建立在法制轨道和科技进步的基础上。

可持续发展的核心思想是，经济发展、保护资源和保护生态环境协调一致，让子孙后代能够享受充分的资源和良好的资源环境。1995年9月，中共十四届五中全会正式将可持续发展战略写入《中共中央关于制定国民经济和社会发展"九五"计划和2010年远景目标的建议》，提出"必须把社会全面发展放在重要战略地位，实现经济与社会相互协调和可持续发展"。这是在党的文件中第一次使用"可持续发展"的概念。江泽民同志在会上发表《正确处理社会主义现代化建设中的若干重大关系》的讲话，强调"在现代化建设中，必须把实现可持续发展作为一个重大战略"。这样，可持续发展成为国家发展重大战略。

2008年9月，胡锦涛同志在全党深入学习实践科学发展观活动动员大会上发表重要讲话指出："全面推进社会主义经济建设、政治建设、文化建设、社会建设以及生态文明建设，努力加快实现以人为本、全面协调可持续的科学发展"。[①] 至此，"五位一体"总体布局初步形成，生态文明建设列入其中。2012年11月，党的十八大把生态文明建设放在突出地位，纳入中国特色社会主义事业总体布

---

① 《十七大以来重要文献选编》（上），人民出版社2009年版，第570页。

局,使中国特色社会主义事业总体布局从"四位一体"拓展为"五位一体"。

以习近平同志为核心的党中央把生态文明建设作为关系中华民族永续发展的根本大计,坚持"绿水青山就是金山银山"的理念,开展了一系列根本性、开创性、长远性的工作,推动我国生态环境保护事业发生历史性、转折性、全局性变化。

首先,从新的历史方位出发,把生态文明建设摆在新的历史高度,全面加强生态文明建设。习近平总书记强调:"生态兴则文明兴,生态衰则文明衰。生态环境是人类生存和发展的根基,生态环境变化直接影响文明兴衰演替。"[①]"我们要站在对人类文明负责的高度,尊重自然、顺应自然、保护自然,探索人与自然和谐共生之路,促进经济发展与生态保护协调统一,共建繁荣、清洁、美丽的世界。"[②]"要把生态环境保护放在更加突出位置,像保护眼睛一样保护生态环境,像对待生命一样对待生态环境。"[③]"生态环境保护是功在当代、利在千秋的事业。在这个问题上,我们没有别的选择。全党同志都要清醒认识保护生态环境、治理环境污染的紧迫性和艰巨性,清醒认识加强生态文明建设的重要性和必要性,真正下决心把环境污染治理好、把生态环境建设好,为人民创造良好生产生活

---

① 习近平:《论把握新发展阶段、贯彻新发展理念、构建新发展格局》,中央文献出版社2021年版,第247页。

② 习近平:《在联合国生物多样性峰会上的讲话》(2020年9月30日),《人民日报》2020年10月1日。

③ 《习近平关于社会主义生态文明建设的论述摘编》,中央文献出版社2017年版,第8页。

环境。"①

其次，提出"绿水青山就是金山银山"的发展理念，统筹生态效益、经济效益和社会效益协调发展。习近平总书记指出，"必须践行绿水青山就是金山银山的理念"②，"既要金山银山，也要绿水青山"③，"绿水青山既是自然财富、生态财富，又是社会财富、经济财富。保护生态环境就是保护自然价值和增值自然资本，就是保护经济社会发展潜力和后劲，使绿水青山持续发挥生态效益和经济社会效益。"④

再次，推进全面的、系统的生态文明建设取得历史性成就。党的二十大报告指出，我们"坚持山水林田湖草沙一体化保护和系统治理，全方位、全地域、全过程加强生态环境保护，生态文明制度体系更加健全，污染防治攻坚向纵深推进，绿色、循环、低碳发展迈出坚实步伐，生态环境保护发生历史性、转折性、全局性变化，我们的祖国天更蓝、山更绿、水更清。"⑤

第四，充分认识生态文明建设的复杂性、长期性，构建全员化、长期的、可持续的生态文明建设体制机制。生态文明建设是一项长

---

① 《习近平关于社会主义生态文明建设的论述摘编》，中央文献出版社2017年版，第7页。
② 习近平：《在深圳经济特区建立40周年庆祝大会上的讲话》，人民出版社2020年版，第5页。
③ 习近平：《论把握新发展阶段、贯彻新发展理念、构建新发展格局》，中央文献出版社2021年版，第180页。
④ 习近平：《论把握新发展阶段、贯彻新发展理念、构建新发展格局》，中央文献出版社2021年版，第255页。
⑤ 习近平：《高举中国特色社会主义伟大旗帜 为全面建设社会主义现代化国家而团结奋斗》（2022年10月16日），《人民日报》2022年10月26日。

期的战略任务,也是一个复杂的系统工程,不可能一蹴而就,同时,它不仅是各级政府的工作,也是全民共同的责任。习近平总书记强调:"生态文明是人民群众共同参与共同建设共同享有的事业,要把建设美丽中国转化为全体人民自觉行动。每个人都是生态环境的保护者、建设者、受益者,没有哪个人是旁观者、局外人、批评家,谁也不能只说不做、置身事外。要增强全民节约意识、环保意识、生态意识,培育生态道德和行为准则,开展全民绿色行动,动员全社会都以实际行动减少能源资源消耗和污染排放,为生态环境保护作出贡献。"①全员参与是生态文明建设的群众基础。同时,建设生态文明,重在建章立制。要用最严格的制度保护生态环境。新时代,我们加快推进生态文明建设的顶层设计和制度体系建设,制定和修改《中华人民共和国环境保护法》《中华人民共和国环境保护税法》以及大气、水、土壤污染防治法和《中华人民共和国核安全法》等法律,覆盖各类环境要素的生态环境法律法规体系基本建立,相继出台《关于加快推进生态文明建设的意见》《生态文明体制改革总体方案》,制定了数十项涉及生态文明建设的改革方案,从制度保障等方面对生态文明建设进行了全面系统的部署安排。

最后,积极参与全球生态治理。全球性生态危机对人类的生存发展构成了巨大威胁,全球生态治理成为事关人类未来发展的重大事项。习近平总书记提出构建人类命运共同体,积极参与全球环境治理。我国已成为全球生态文明建设的重要参与者、贡献者、引领

---

① 习近平:《论把握新发展阶段、贯彻新发展理念、构建新发展格局》,中央文献出版社2021年版,第257页。

者，主张加快构筑尊崇自然、绿色发展的生态体系，共建清洁美丽的世界。我们深度参与全球环境治理，增强我国在全球环境治理体系中的话语权和影响力，积极引导国际秩序变革方向，形成世界环境保护和可持续发展的解决方案。我们坚持环境友好，引导应对气候变化国际合作。推进"一带一路"建设，让生态文明的理念和实践造福沿线各国人民。

总之，以习近平同志为核心的党中央把"美丽中国"纳入建设社会主义现代化强国目标，把"生态文明建设"纳入"五位一体"总体布局，把"人与自然和谐共生"纳入新时代坚持和发展中国特色社会主义基本方略，把"绿色"纳入新发展理念，把"污染防治"纳入三大攻坚战，生态文明建设谋篇布局更加成熟，生态文明建设的顶层设计和制度体系建设加快推进，我国生态环境持续改善、生态系统持续优化、整体功能持续提升，人民群众的生态环境获得感、幸福感、安全感不断增强，中华民族伟大复兴走在人与自然和谐共生的康庄大道上。

四、人与自然和谐共生是人类发展的共同需求

随着科学技术的不断发展，人们越来越重视全球生态系统的整体性，全球生态治理在全球治理中的作用越来越突出。换言之，人与自然和谐共生越来越成为全人类的共识和共同需求。2022年11月17日，习近平总书记在亚太经合组织工商领导人峰会上的书面演讲中强调："中国式现代化必须走人与自然和谐共生的新路。这是对我们自己负责，也是对世界负责。"

中国式现代化面面观

当前,全球物种灭绝速度加快,生物多样性丧失和生态系统退化对人类生存和发展构成重大风险。历史的经验和残酷的现实告诉我们,人与自然是命运共同体。全球工业化水平不断提高,尤其是发展中国家劳动密集型、资源密集型和环境消耗型工业产业的快速发展,一方面加大了自然资源的消耗,另一方面加剧了环境污染。自然资源消耗方面,主要是化石能源的大量开采使用和温室气体的巨量排放,全球气温普遍升高,引发高纬度极寒地带终年冰川的溶解,海平面逐年升高,导致生物多样性丧失和生态系统退化。"厄尔尼诺事件"时有发生,偶发性自然灾害频次不断增加,干旱、洪涝、冻雨等极端天气影响越发严重。环境污染方面,重金属污染、核废料处理、核污水排放等重大生态安全事件成为国际社会长期关注并争论的焦点。扩大了的世界交往使每个人既是全球生态治理的"剧作者",也是全球生态共享的"剧中人"。

地球是人类唯一的、共同的家园,良好的生态环境是全人类生存发展的共同诉求。如果错误地坚持"人类中心主义",无止境地向自然索取甚至破坏自然,必然会遭到大自然的报复。我们应当坚持可持续发展战略,坚持节约优先、保护优先、自然恢复为主的方针,像保护眼睛一样保护生态环境。同时,我们要认识到,发达国家和发展中国家处于不同发展阶段,在环境问题上的历史责任和现实能力存在差异。我们要坚持共同但有区别的责任原则,切实践行承诺,抓好目标落实,有效扭转生物多样性丧失趋势,共同守护地球家园。

第三章 中国式现代化的五大特征

第五节 走和平发展道路的现代化

党的二十大报告指出:"中国式现代化是走和平发展道路的现代化。我国不走一些国家通过战争、殖民、掠夺等方式实现现代化的老路,那种损人利己、充满血腥罪恶的老路给广大发展中国家人民带来深重苦难。我们坚定站在历史正确的一边、站在人类文明进步的一边,高举和平、发展、合作、共赢旗帜,在坚定维护世界和平与发展中谋求自身发展,又以自身发展更好维护世界和平与发展。"中华民族自古以来就是热爱和平的民族,近代以来的屈辱历史让中国人民更加珍惜来之不易的和平成果。当今世界正经历百年未有之大变局,和平与发展依然是世界的两大主题。中国式现代化是走和平发展道路的现代化,中国过去、现在和未来都是维护世界和平发展的中坚力量。

一、中华民族自古以来就是热爱和平的民族

中华民族自古以来就是热爱和平的民族,这集中体现在中华优秀传统文化协和万邦的秩序理想中。

一是,我国传统社会较早开始了民族融合发展。秦统一六国,以郡县制取代分封制,统一文字,统一度量衡,我国开始了大规模的民族融合。汉承秦制,几代君主励精图治,形成了以汉族为主

体,多民族共同发展的稳定局面。 二是,传统社会的大一统秩序与天下主义的世界大同理想,是中国古人构想的不同文化背景与利益联系的族群和谐共存及安全互动的价值范式和制度范式。 中国古典政治哲学对秩序的思考不是基于种族身份,而是基于文化身份,从而产生了一种超种族的文化主义的政治观与秩序观。 中国古代的"夷夏之辨",也是主要在文化身份与文化认同层面的辨析和承认。 三是,我国传统社会对外军事战略主要是积极的防御政策,民族交流主要采取"修文德以来之"的思路。 我国传统社会的主要生产方式是农业耕作,长期以来形成了顺天应时与睦邻友好的生活习性。 在与北方游牧民族的关系上,主要采取积极的防御政策,万里长城就是最好的见证。 万里长城最大的功效在于保护自身族群及其劳动成果不受外族侵犯,而非对外征服。 对外民族交流中,主要采取"修文德以来之"的思路,依靠文化力量与长期的和平互动实践感化、吸收和转化外部族群,使中华民族生生不息地延续了几千年。 丝绸之路一直承载着中华民族与域外民族的商贸交流、文化交流和文明互鉴,而不是一条军事侵略之路。 最后,传统社会主流的教育理念是"修身、齐家、治国、平天下"。 这种教育理念是与我国传统社会"家国同构"和宗法制度的政治上层建筑相适应的,其经济基础是顺天应时的小农经济。

总之,我国传统社会中的经济基础、政治上层建筑和观念上层建筑都是致力于对内构建安定团结的大一统局面,对外构建协和万邦的和平交流环境。

二、近代百年屈辱历史让中国人民坚定选择和平发展道路

近代中国被动卷入西方世界主导的殖民体系，被迫签订了一系列丧权辱国的不平等条约，中华民族遭遇了史无前例的民族危机。

一是军事防御失败，割地赔款，国家主权独立和领土完整遭受侵袭，沦为半殖民地半封建社会。在第一次世界大战之前，旧中国被迫与当时世界上的大多数强国签订了不平等条约，如中英《南京条约》、中美《望厦条约》、中法《黄埔条约》、中俄《天津条约》、中德《胶澳租界条约》、中日《马关条约》、中葡《天津条约》，以及同时与十一国（英、美、俄、法、德、意、日、奥、比、西、荷）签订的《辛丑条约》。正如习近平总书记所说，"1840 年鸦片战争以后，中国逐步成为半殖民地半封建社会，国家蒙辱、人民蒙难、文明蒙尘，中华民族遭受了前所未有的劫难。"[①]

二是丧失经济主权，沦为西方发达国家的原料产地和商品倾销地。旧中国被迫打开国门，西方发达国家利用不平等条约，控制我国的进出口贸易和关税，使我国沦为他们的原料产地。同时，这些国家利用工业化的生产优势，大量向我国倾销商品，严重阻碍了我国民族工业的独立发展之路。

三是租界林立，外国人在中国享有种种特权。旧中国的租界成为"国中之国"，发生了诸多辱华事件，成为中华民族难以磨灭的"伤痕记忆"。

[①] 习近平：《在庆祝中国共产党成立 100 周年大会上的讲话》（2021 年 7 月 1 日），《人民日报》2021 年 7 月 2 日。

> **中国式现代化面面观**

四是日本持续发动的侵华战争,给中国人民造成了空前的灾难。习近平总书记指出:"日本对华持续侵略是近代以来中国历史上最黑暗的一页,日本反动统治者一次次侵略中国,1894 年挑起甲午战争,1895 年侵占台湾和澎湖列岛,1900 年伙同其他帝国主义列强侵入北京,1904 年发动日俄战争、侵犯中国东北领土和主权,1914 年侵占青岛,1915 年提出'二十一条',1931 年策动九一八事变、侵占中国东北全境,1935 年制造华北事变,1937 年 7 月 7 日以炮轰宛平县城和进攻卢沟桥为标志发动全面侵华战争,妄图变中国为其独占的殖民地,进而吞并亚洲、称霸世界。日本军国主义的野蛮侵略给中国人民造成空前巨大的灾难,激起了中国人民的顽强反抗。"①"在日本侵华战争期间②,日军攻城略地,铁蹄践踏了我国半壁河山,犯下了罄竹难书的累累罪行:凶残屠杀,从上海、苏州、无锡、常州、镇江、扬州直到南京,使我 70 万同胞血染长江;烧杀劫掠,蹂躏沦陷区数万万同胞;丧尽天良,实行毒气战和细菌战;无视国际法规,对我和平城市狂轰滥炸;在抗日根据地,实行灭绝人性的杀光、烧光、抢光的'三光政策';暴虐坑杀,制造 80 多个'万人坑';实施'猎兔作战',抓捕中国劳工 4.2 万人到日本服苦役,伤亡逾 1.4 万人;恶魔淫暴,强奸凌辱数百万中国妇女,违反人道和国际法,强迫 20 万中国妇女做'慰安妇',供日军群体蹂躏等等。在侵华战争的 15 年间,日本给中国造成了无比巨大的损失:中国军民伤亡 3500 万人,其中死亡 2000 万人;直接财产损失 1000 亿美元,

---

① 习近平:《在纪念中国人民抗日战争暨世界反法西斯战争胜利 75 周年座谈会上的讲话》,人民出版社 2020 年版,第 3 页。

② 1931—1945 年,编者注。

间接经济损失达 5000 亿美元（按当时币值，约为现值的 1/2000）。"①中华民族团结一心，经过艰苦奋战，取得了抗日战争的最终胜利，为世界人民反法西斯战争胜利作出了极大的牺牲和贡献。

经历了百年屈辱历史，"中国人民不是从中学到弱肉强食的强盗逻辑，而是更加坚定了维护和平的决心"②。以史为鉴，以中国式现代化推进中华民族伟大复兴，必然坚定不移地走和平发展道路，这是全体中国人民的共同选择。

三、中国共产党构建了新中国的和平发展道路

中国的和平发展道路是人类追求文明进步的一条全新道路，是中国现代化建设的必由之路，是中国政府和中国人民的郑重选择和庄严承诺。中国共产党始终致力于构建新中国的和平发展道路。

新民主主义革命时期，党发出拥护国际持久和平的时代强音。1949 年 4 月"紫石英号事件"之后，毛泽东同志在《中国人民解放军总部发言人为英国军舰暴行发表的声明》中提出，"中国人民革命军事委员会和人民政府愿意考虑同各外国建立外交关系，这种关系必须建立在平等、互利、互相尊重主权和领土完整的基础上"③。1949 年 9 月 29 日通过的《中国人民政治协商会议共同纲领》第五十

---

① 王加丰等:《强国之鉴——八位央视〈大国崛起〉专家之深度解读》,人民出版社 2007 年版,第 153 页。

② 习近平:《在纪念中国人民抗日战争暨世界反法西斯战争胜利 75 周年座谈会上的讲话》,人民出版社 2020 年版,第 13 页。

③ 《毛泽东选集》(第四卷),人民出版社 1991 年版,第 1461 页。

> 中国式现代化面面观

四条明确规定:"中华人民共和国外交政策的原则是,为保障本国独立、自由和领土主权的完整,拥护国际的持久和平和各国人民间的友好合作,反对帝国主义的侵略政策和战争政策。"①开国大典上,毛泽东同志向全世界庄严宣告:"本政府为代表中华人民共和国全国人民的唯一合法政府。凡愿遵守平等、互利及互相尊重领土主权等项原则的任何外国政府,本政府均愿与之建立外交关系。"②

社会主义革命和建设时期,中国共产党提出了"和平共处五项原则"。新中国成立之初,中国共产党就积极向外发出和平外交的最强音,奠定了我国和平发展道路的总基调。1953年12月至1954年4月,中印两国代表团就中印两国在中国西藏地方关系问题进行谈判。周恩来同志在谈判开始时指出:"新中国成立后就确立了处理中印两国关系的原则,那就是互相尊重领土主权、互不侵犯、互不干涉内政、平等互惠和和平共处的原则。"③谈判结束,"和平共处五项原则"被正式写入《中印关于中国西藏地方和印度之间的通商和交通协定》的序言中。1954年6月,周恩来同志应邀访问印度和缅甸,"和平共处五项原则"载入中印两国总理和中缅两国总理分别发表的《联合声明》中,并将"平等互惠"修改为"平等互利"。同年10月,周恩来同志与来华参加我国国庆活动的苏联代表团举行会谈,"和平共处五项原则"载入其后发表的中苏《联合宣言》,将"互相尊重领土主权"修改为"互相尊重主权和领土完整"。至此,"和平共处五项原则"便以更

---

① 中共中央文献研究室编:《建国以来重要文献选编》(第一册),中央文献出版社2011年版,第11页。
② 《毛泽东文集》(第六卷),人民出版社1999年版,第2页。
③ 《周恩来选集》(下卷),人民出版社1984年版,第118页。

第三章 中国式现代化的五大特征

为适当、科学的表述方式确定下来,日益广泛地推行到现代国际关系中去。1955年万隆会议上,中国正式提出了互相尊重主权和领土完整、互不侵犯、互不干涉内政、平等互利、和平共处的五项原则,受到了国际社会尤其是第三世界国家的广泛赞同和响应。从此,"和平共处五项原则"具有了"和平国际法"意义。"1970年第25届联大通过的《关于各国依联合国宪章建立友好关系及合作之国际法原则之宣言》和1974年第6届特别联大通过的《关于建立新的国际经济秩序宣言》,都明确地将和平共处五项原则包括在内,实现了规范性的国际法确认。"①和平共处五项原则精辟体现了新型国际关系的本质特征,是一个相互联系、相辅相成、不可分割的统一体,适用于各种社会制度、发展水平、体量规模国家之间的关系。当前,和平共处五项原则已经成为国际关系基本准则和国际法基本原则。

1985年,邓小平同志在会见日本商工会议所访华团时指出:"现在世界上真正大的问题,带全球性的战略问题,一个是和平问题,一个是经济问题。和平问题是东西问题,经济问题是南北问题。概括起来,就是东西南北四个字。"②这是邓小平同志第一次公开提出"和平和发展是当代世界的两大问题"③。1986年5月20日,邓小平同志在会见澳大利亚总理霍克时指出:"我们的事情很多,但是归根到底是两件大事,一是和平问题,二是发展问题。两件大事中最重要的是发展,但两个方面密不可分。中国把自己看成是维护世

---

① 田飞龙:《中国式现代化与和平发展道路的制度探索》,《天府新论》2023年第3期,第23-39页。
② 《邓小平文选》(第三卷),人民出版社1993年版,第105页。
③ 《邓小平文选》(第三卷),人民出版社1993年版,第104页。

中国式现代化面面观

界和平的力量……如果中国发展了，意味着争取世界和平的力量壮大了，我们对和平的贡献也就更多了。发展自己和赢得和平是相互密切联系的两个方面。中国发展了，全世界爱好和平的国家都发展了，就更有利于维护世界和平，战争就可以避免。"①江泽民同志在庆祝中国共产党成立80周年的讲话中强调："在新的世纪里，中国共产党和中国政府愿同全世界一切爱好和平、渴望发展、向往进步的国家和人民携起手来，争取实现一个长时期的国际和平环境，共同推进历史的车轮向着光明的目标前进。"②胡锦涛同志在党的十七大报告中指出："不管国际风云如何变幻，中国政府和人民都将高举和平、发展、合作旗帜，奉行独立自主的和平外交政策，维护国家主权、安全、发展利益，恪守维护世界和平、促进共同发展的外交政策宗旨。"③改革开放以来，中国的发展需要和平的国际环境，同时，中国的发展也更好地维护了世界和平。

新时代，习近平总书记提出构建"人类命运共同体"理念。习近平总书记在首届中国共产党与世界政党高层对话会上指出，"2013年，我首次提出构建人类命运共同体的倡议。我高兴地看到，中国同世界各国的友好合作不断拓展，人类命运共同体理念得到越来越多人的支持和赞同，这一倡议正在从理念转化为行动。"④2017年1月18日，习近平总书记在联合国日内瓦总部发表题为"共同构建人类命运共同体"的主旨演讲，提出"五个坚持"和"四个不会改变"。"五个坚

---

① 《邓小平思想年编（1975—1997）》，中央文献出版社2011年版，第576页。
② 《江泽民文选》（第三卷），人民出版社2006年版，第297页。
③ 《胡锦涛文选》（第二卷），人民出版社2016年版，第650页。
④ 《习近平谈"一带一路"》，中央文献出版社2018年版，第216页

持"是：坚持对话协商，建设一个持久和平的世界；坚持共建共享，建设一个普遍安全的世界；坚持合作共赢，建设一个共同繁荣的世界；坚持交流互鉴，建设一个开放包容的世界；坚持绿色低碳，建设一个清洁美丽的世界。"五个坚持"是构建人类命运共同体的基本准则。"四个不会改变"是：中国维护世界和平的决心不会改变，中国促进共同发展的决心不会改变，中国打造伙伴关系的决心不会改变，中国支持多边主义的决心不会改变。"四个不会改变"是中国为构建人类命运共同体向世界的承诺。报告的最后，习近平总书记强调："构建人类命运共同体是一个美好的目标，也是一个需要一代又一代人接力跑才能实现的目标。中国愿同广大成员国、国际组织和机构一道，共同推进构建人类命运共同体的伟大进程。"[1]

大道至简，实干为要。构建人类命运共同体，关键在行动。习近平总书记提出"一带一路"倡议，积极推动构建人类命运共同体。2017年12月1日，习近平总书记在中国共产党与世界政党高层对话会上指出："我提出'一带一路'倡议，就是要实践人类命运共同体理念。四年来，共建'一带一路'已成为有关各国实现共同发展的巨大合作平台。涓涓细流汇成大海，点点星光点亮银河。我深信，只要各方树立人类命运共同体理念，一起来规划，一起来实践，一点一滴坚持努力，日积月累不懈奋斗，构建人类命运共同体的目标就一定能够实现。"[2]2018年4月10日，习近平总书记在博鳌亚洲论坛开幕式的主旨演讲中再次强调，"共建'一带一路'倡议源于中国，但机会和

---

[1] 习近平：《论坚持推动构建人类命运共同体》，中央文献出版社2018年版，第426页。
[2] 《习近平谈"一带一路"》，中央文献出版社2018年版，第216页。

> **中国式现代化面面观**

成果属于世界,中国不打地缘博弈小算盘,不搞封闭排他小圈子,不做凌驾于人的强买强卖。"①经过多年发展,共建"一带一路"成为深受欢迎的国际公共产品和国际合作平台。我国成为140多个国家和地区的主要贸易伙伴,货物贸易总额居世界第一。

新中国70多年的伟大实践证明,实现中华民族伟大复兴,必须坚定不移走和平发展道路。近代以后,中国人民遭受列强的侵略、凌辱、掠夺达百年以上,但中国人民不是从中学到弱肉强食的强盗逻辑,而是更加坚定了维护和平的决心。人类命运休戚与共,各国人民应该秉持"天下一家"理念,共同推动构建人类命运共同体。中国人民热爱和平、珍惜和平,把维护世界和平、反对霸权主义和强权政治作为自己的神圣职责,坚决反对动辄使用武力或以武力威胁处理国际争端,坚决反对打着所谓"民主""自由""人权"等幌子肆意干涉别国内政。中国人民将一如既往同各国人民携手努力,为创造人类美好未来而不懈奋斗。

---

① 《习近平谈"一带一路"》,中央文献出版社2018年版,第217页。

第四章

推进中国式现代化的重大原则

党的二十大报告指出:"全面建设社会主义现代化国家,是一项伟大而艰巨的事业,前途光明,任重道远。"报告同时指出,前进道路上,必须牢牢把握以下五个重大原则,即坚持和加强党的全面领导,坚持中国特色社会主义道路,坚持以人民为中心的发展思想,坚持深化改革开放,坚持发扬斗争精神。这五大原则是党领导推动我国现代化历史进程的经验总结,是相互联系、相互支撑的整体,为推动中国式现代化提供了根本遵循。

第一节 坚持和加强党的全面领导

党的二十大报告指出:"坚持和加强党的全面领导。坚决维护党中央权威和集中统一领导,把党的领导落实到党和国家事业各领域各方面各环节,使党始终成为风雨来袭时全体人民最可靠的主心骨,确保我国社会主义现代化建设正确方向,确保拥有团结奋斗的强大政治凝聚力、发展自信心,集聚起万众一心、共克时艰的磅礴力量。"坚持和加强党的全面领导,是推动中国式现代化的首要原则。中国共产党在领导和推动我国走向现代化的过程中具有特殊的地位,这种地位与西方国家政党有着根本的不同。在中国共产党诞生以前,中国无数的仁人志士为探寻中国的出路进行了各种艰苦的斗争,但都失败了,他们引领中国走向现代化的道路被证明走不通。中国共产党正是在领导中国人民推翻帝国主义、封建主义、官僚资本主义的过程中,在艰苦卓绝的斗争中,确立了自己的领导地位。可以说,作为使命型政党,中国共产党从诞生起就与中国走向现代化的历史进程紧密结合。新中国成立后,中国共产党领导中国人民建立了一整套新的国家制度,为中国式现代化扫清了障碍,提供了政治前提。正是在中国共产党的领导下,中国这样一个经济文化相对落后的国家摆脱了被殖民被奴役的命运,走上了独立自主实行现代化的康庄大道。在全面建设社会主义现代化国家新征程上,只有坚持和加强党的全面领导,才能为中国式现代化锚定正确航向,凝聚磅礴力量。

一、党的全面领导是中国式现代化的政治保证

中国式现代化是中国共产党领导的现代化,坚持和加强党的全面领导才能保证中国式现代化的正确方向。中国共产党是先锋队性

第四章 推进中国式现代化的重大原则

质的使命型政党,自诞生以来就把为中国人民谋幸福、为中华民族谋复兴作为自己的历史使命,其领导核心的地位不是自封的,也不是西方"你方唱罢我登场"式的政党轮流上台获得的,而是在长期的历史斗争和艰苦卓绝的建设中生成并巩固的。在半殖民地半封建性质的旧中国,民族资产阶级及其政党由于其两面性,无法领导中国人民完成反帝反封建的历史任务,无法开辟出一条独立自主的现代化道路。随着十月革命的胜利和马克思主义在中国的传播,中国共产党应运而生,承担起了这一伟大的历史任务。

当时,中国共产党处于幼年时期,由于各方面的不足,尚不能完全扛起领导全国人民的任务,在革命领导权和军队指挥权问题上犯了错误,将其拱手让给国民党,给中国革命造成了巨大损失。但由于中国共产党的先进性,由于中国共产党善于总结经验和教训,党逐步认识到领导权的重要性,牢牢把握党对革命和军队的领导权。在新民主主义革命中,中国共产党开始独立领导中国革命向前发展,独立领导革命战争、创建人民军队,通过三湾改编确立了党对军队的绝对领导,中国革命再一次如火如荼地展开。但在领导权问题上,中国共产党仍然未能真正独立自主,而是受到共产国际的巨大影响。这期间中国共产党内发生的三次"左"倾错误都与共产国际有着直接的关系,最终导致中华苏维埃政权遭受极大损失而被迫长征。此后的中国共产党日益走向成熟,坚持立足于中国实际,走独立自主的革命道路,牢牢把革命的领导权掌握在自己手中。在第二次国共合作中,中国共产党坚持掌握统一战线的领导权,两党军队合作抗日,最终取得了抗日战争的胜利。解放战争中,中国共产党受到全国人民的拥护,取得了最终的胜利,建立了中华人民共和国。

| 中国式现代化面面观

新中国成立后,作为执政党,如何坚持和加强党的全面领导,处理好党、政权、人民三者之间的关系,是党治国理政的重大问题,直接关系到我国现代化建设的根本方向和前途命运。处于领导地位的中国共产党如何处理这三者之间的关系,直接影响到中国各阶段的发展。针对各个时期的不同历史任务,我们党适时调整领导方式,对推动中国式现代化产生了巨大影响。与革命战争时期相比,社会主义建设、改革时期党的任务有着很大不同,但党对现代化建设的领导权问题是同样重要的。如果不坚持和加强党的全面领导,就可能步苏联、东欧的后尘,丧失执政地位并导致社会制度倒退。

在全面建设社会主义现代化国家新征程上,面对国际国内的复杂形势,更要坚持和加强党的全面领导,要把发展的领导权、主动权牢牢把握在自己的手中。特别是西方某些国家企图遏制打压我国的情况下,我们更要在党的全面领导下,采取有效措施维护自身的核心利益,绝不能在压力之下让出领导权、丧失主动权。有着百年历史的中国共产党历经考验,不忘初心,能够不断根据时代要求推动自我革命,有能力承担起领导中国式现代化历史重任,是中国式现代化保持正确航向的政治保证。

二、党的全面领导凝聚起中国式现代化建设的磅礴力量

推进中国式现代化,必须将各方力量凝聚起来。各方心往一处想、劲往一处使,才能形成不可战胜的强大力量。要实现这一点,就必须坚持和加强党的全面领导。恩格斯指出:"历史是这样创造

第四章　推进中国式现代化的重大原则

的：最终的结果总是从许多单个的意志的相互冲突中产生出来的，而其中每一个意志，又是由于许多特殊的生活条件，才成为它所成为的那样。这样就有无数互相交错的力量，有无数个力的平行四边形，由此就产生出一个合力，即历史结果"。① 如何让这些单个的意志能够加以统一，减少这些单个意志之间的冲突，使这些个体的力量更好地向着历史前进的方向发展，是一个重要问题。要推动中国式现代化建设，同样离不开对单个意志的统合和引导，特别是对于处于落后地位、追赶发达国家的发展中国家来说，这是一个更为重要的问题。

近代中国一直处于受压迫、被剥削的地位。中国共产党领导的争取独立解放的斗争之所以能够取得成功，一个重要原因在于，其他政治力量都无法真正将蕴含着最伟大力量、占中国人口大多数的工农组织起来。当大多数国人还处于一盘散沙的状态，诸多个体的意志互相冲突时，他们就只能被一些势力分化瓦解。这无数的个体之间互相消耗自己的力量而不能形成统一意志，从而与造成自身悲惨处境的敌对势力进行斗争。这样的情况下，之前的各类改良或革命方案只有走向失败的命运。旧中国要改变自己的命运，真正走上一条独立自主的现代化之路，就必须改变一盘散沙的局面，把占全国人口大多数的工农真正地组织起来。中国共产党做到了这一点。中国共产党成立之初就确立了以工人阶级为领导、以工农联盟为基础的无产阶级政党属性，正是中国共产党这一不同于我国以往任何政党的不同性质，使自己拥有了凝聚革命力量的可能。此后，中国

---

① 《马克思恩格斯文集》（第十卷），人民出版社2009年版，第592页。

共产党在领导中国革命的过程中，不断与中国工农群众相结合，将看似处于社会底层、毫无力量的普通群众组织起来，形成了改变中国乃至世界的磅礴力量。中国革命的成功，正是在中国共产党领导下凝聚革命力量才取得的。同样，中国革命成功之后，面对百废待兴的局面，同样需要凝聚全国的力量去维护新生政权，推动我国由一个农业国向工业国的转变。没有中国共产党的全面领导，就不可能集中全国力量办成一件件大事，就不可能在很短的时期内建成较为完善的工业体系。

新时代，我们更加需要将全国人民组织起来，为实现中国式现代化而奋斗。我国是世界第二大经济体，世界第一大发展中国家，经济体量还在不断增长，对世界经济的影响也在不断增强。全面深化改革已经进入深水区，这不仅要求我们党拥有巨大的政治勇气和政治魄力，也需要全国人民的支持和参与，要敢于涉险滩，敢于啃硬骨头，因此，我们依然需要坚持和加强党的全面领导，凝聚全国人民的磅礴之力，继续推进中国式现代化。以国外为例，西方发达国家的企业，在面对新兴国家对世界格局变化产生影响、自身利益可能受损时，往往会游说本国政府采取措施对其他国家的企业加以遏制。在中美贸易战中，这种现象并不鲜见。今天，面对风高浪急的国际环境和艰巨繁重的国内改革发展任务，要推进中国式现代化，离不开中国共产党的全面领导。只有坚持和加强中国共产党的全面领导，才能不断破除妨碍我国发展的各种弊端，促进我国各方面力量团结合作，减少内耗，形成合力，共同应对国际国内的各类风险和挑战。否则，在治理主体日益多元化的今天，如果缺少中国共产党这样的领导核心，缺少中国共产党的全面领导，中国式现代化就缺少了政治保证，中国式现代化之路就难免走入歧途或者失败。因此，必须坚持和加强党的全面领导，为中国式现代化提供根本的政治保证。

三、把党的领导落实到党和国家事业的各领域各方面各环节

坚持和加强党的全面领导，要求把党的领导落实到党和国家事业各领域各方面各环节。只有这样，才能使党对中国式现代化的领导真正落到实处。具体要从以下三个方面落实党的全面领导。

首先，坚持和加强党的全面领导，要把党的领导落实到各个领域的各类组织之中。从横向上来看，这些组织既包括人大、政府、政协、监察机关、审判机关、检察机关、武装力量等，也包括人民团体、基层群众自治组织，还包括企事业单位、社会组织等。从政治类组织来看，要把党的领导贯彻到党和国家所有机构履行职责的全过程，推动各类政治性组织协调行动、增强合力。除此之外，党还要对各类经济组织、社会组织等加以领导。例如，对于市场主体中的各类营利性企业，不仅要对国有企业进行领导，还要对民营企业进行领导。民营企业是在党的领导下，依靠党的政策和自身努力发展起来的。民营企业要坚持党的领导，紧密团结在党的周围，发挥党组织在民营企业中的思想引领、组织凝聚作用，为推动中国式现代化做出应有贡献。同时，近年来各类社会组织大量涌现，这些社会组织如行业协会、公益慈善组织、社会服务类组织等发挥的作用和影响日益扩大，需要加强党的领导，使自己的思想和行动能够与

中国式现代化面面观

党的目标相一致，以更好地满足人民群众的需要，共同服务于中国式现代化的战略目标。当然，对于不同类型的组织，党的具体领导方式是有差别的，要根据不同组织的特点，采取更为科学的领导方式，进一步提升党的领导力。

其次，坚持和加强党的全面领导，不仅要把这一原则落实到对各类组织的领导当中，还必须落实到各个方面的工作中。一是要统筹推进中国式现代化"五位一体"的总体布局。"五位一体"总体布局是我们党在推动中国式现代化进程中逐步形成的，从早期的"物质文明"与"精神文明"并提，到后来加入政治文明，再到提出经济建设、政治建设、文化建设、社会建设"四位一体"，最终在党的十八大发展为"五位一体"，经历了一个历史过程。推进中国式现代化道路上，就要按照总体布局的要求，把党的领导落实到经济、政治、文化、社会、生态文明五个方面当中，统筹推进五项建设。二是从战略布局来看，要把党的领导落实到"四个全面"的工作中，即全面建设社会主义现代化国家、全面深化改革、全面依法治国、全面从严治党。"四个全面"是一个整体，其中全面建设社会主义现代化国家是战略目标，后三个方面是支撑战略目标的战略举措，是我们的工作重点，要围绕战略布局切实把党的领导落实到具体工作当中。此外，国防军队、祖国统一、外交工作、党的建设等各个方面的工作同样要贯彻党的全面领导。

最后，坚持和加强党的全面领导，要把党的领导落实到各个环节中去。党的领导不仅要关注最终结果，还要关注整个过程；不仅要领导各方实现最终目标，还要对迈向目标的具体环节加以领导。从宏观来看，推进中国式现代化，实现全面建成社会主义现代化国家的目标,是过程与结果的统一,在迈向这个目标的较长的历史时期中,党只有牢牢抓住各个环节,一步一个脚印向前出发,才能确保最终目标如期实现。从微观着眼,在推进中国式现代化的整个过程中,党在各个领域各个方面的任务众多而繁杂,这些任务有急有缓、有轻有重、有大有小,但都是为社会主义现代化事业添砖加瓦。顺利完成这些任务,需要各个环节有条不紊相互配合。实现这一点,就必须把党的领导真正落实到各个环节中去。

总之,无论哪个领域、哪个方面、哪个环节党的领导弱化了,都会削弱党的力量。我们要把党和国家事业看作一个整体,坚决维护党中央权威和集中统一领导,深刻领悟"两个确立"的决定性意义,更加自觉地维护习近平总书记党中央的核心、全党的核心地位,实现党在全领域、全方位、全过程的领导,始终确保党的全面领导坚强有力。

第二节 坚持中国特色社会主义道路

党的二十大报告指出:"坚持中国特色社会主义道路。坚持以经济建设为中心,坚持四项基本原则,坚持改革开放,坚持独立自主、自力更生,坚持道不变、志不改,既不走封闭僵化的老路,也不走改旗易帜的邪路,坚持把国家和民族发展放在自己力量的基点上,坚持把中国发展进步的命运牢牢掌握在自己手中。"方向决定道路,道路决定命运。历史和现实证明,推进中国式现代化必须坚持中国特

中国式现代化面面观

色社会主义道路。中国特色社会主义道路是党领导全国各族人民在实践中探索出来的正确道路,是在坚持科学社会主义基本原则的基础上,结合中国国情,在实践中不断走出来的。坚持中国特色社会主义道路,就要坚持"一个中心,两个基本点",既不走封闭僵化的老路,也不走改旗易帜的邪路,要保持战略定力,把自己的命运牢牢掌握在自己的手中。

一、中国式现代化是社会主义现代化

自1840年起,先进的中国人就开始探寻引领中国走向现代化的道路。现代化的道路最早是西方欧美国家开辟的。这些国家首先步入了资本主义,创立了资本主义的政治经济制度,走在了世界的前列,也成为了现代化的"引领者"。我国在探寻现代化道路的前期,一直在向西方学习,从科学技术的学习到政治制度、西方文化的学习……这些学习虽然在一定程度上使中国在某些领域逐步迈向现代化,但并没有从根本上改变中国半封建半殖民地的社会性质,没有使中国摆脱附庸和奴役的地位,中国的现代化之路仍然步履维艰。正如毛泽东同志所说:"帝国主义的侵略打破了中国人学西方的迷梦。很奇怪,为什么先生老是侵略学生呢?中国人向西方学得很不少,但是行不通,理想总是不能实现。多次奋斗,包括辛亥革命那样全国规模的运动,都失败了。"[①]十月革命的胜利,为中国探寻新的现代化之路提供了新的指引。相对落后的俄国,通过建立社会主义制度,经济迅速发展,此后苏联的工业总产值更是迅速跃居

---

① 《毛泽东选集》(第四卷),人民出版社1991年版,第1470页。

欧洲第一、世界第二。对中国来说，走欧美国家的资本主义现代化之路已经被实践证明是行不通；只有走社会主义道路，建立社会主义制度，才能为中国的现代化提供根本政治前提和物质基础。

中国共产党成立后，历经 28 年艰苦卓绝的斗争，带领中国人民取得了新民主主义革命的胜利，建立了新中国，由此开始了中国式现代化道路的初步探索。随着国民经济的恢复和新生政权的巩固，党领导人民开启了社会主义三大改造，建立社会主义制度，中国走上了社会主义现代化道路。社会主义现代化道路坚持科学社会主义的基本原则，与资本主义现代化有着本质的区别。这种区别主要表现在以下几个方面：一是社会主义现代化通过建立生产资料的社会主义公有制及与之相应的分配制度，推动生产力的发展。这是与资本主义现代化在经济制度上的根本不同。资本主义现代化是用一种新（资本主义）的私有制代替旧（封建主义）的私有制。这种私有制不再把农民捆绑在土地上，而是使其成为自由流动的雇佣劳动力，成为资本人格化的资本家的雇佣劳动者，从而为资本增殖创造剩余价值。这种转变极大促进了西方国家生产力的发展，开启了整个世界走向现代化的进程。随着生产力的发展，资本主义内在矛盾也日益激化——生产资料的资本主义私人占有，日益与社会化大生产相矛盾，甚至成为生产力的桎梏。社会主义公有制的产生正是解决资本主义这种不可调和的内在矛盾的"金钥匙"。二是社会主义现代化维护和发展绝大多数人的利益，以消灭剥削，消除两极分化，实现共同富裕为目的。在资本主义现代化条件下，由于资本的不断积聚和集中，资本主义从自由竞争阶段逐步发展到垄断阶段，社会的两极分化日益明显，贫者愈贫富者愈富，极少数人掌握整个社会绝大多数财富。与此相反，社会主义现代化把实现好、维护好、发展好广大人民的根本利益作为最高标准，是为绝大多数人谋利益，以全体人民共同富裕为目标的现代化。三是社会主义现代化以实现每一个人的自由发展为最高的价值目标，自觉为共产主义创造条件。马克思、恩格斯在《共产党宣言》中指出："代替那存在着阶级和阶级对立的资产阶级旧社会的，将是这样一个联合体，在那里，每个人的自由发展是一切人的自由发展的条件。"[①]在资本主义现代化过程中，资本逻辑主导下的人的发展是一种异化的发展，人与人之间的关系被物与物的关系所遮蔽，而社会主义现代化要求以实现每个人的自由发展为目标，力求使人能够在现代化过程中从物的依赖性关系中解脱出来，实现更为自由而全面的发展。

二、中国式现代化是中国特色的现代化

中国式现代化是具有中国特色的现代化，这种特色不仅体现在社会主义现代化与资本主义现代化的不同上，还体现在这种现代化有自己国家和民族的特点。实际上，走向现代化虽然是一种共同的趋势，但世界各国、各民族在走向现代化的道路上，由于自身历史条件的不同走出了不同的道路。即使是首先步入现代化的欧美国家，由于各自条件不同，也都采取了具有不同特点的现代化道路。英国采取了较为和平的方式，以君主立宪制走上了资本主义现代化，而法国的现代化则采取了激烈的方式，通过激烈的革命和各派反复的争夺才走上了平稳的现代化道路，美国、德国等国家的现代

---

① 《马克思恩格斯选集》（第一卷），人民出版社2012年版，第422页。

化道路也都有其各自的特点。而对于社会主义现代化道路,不同国家和民族都要结合自身的情况加以调整。20世纪共产主义运动史上,许多社会主义国家都因为在这个问题上犯了错误,最终葬送了社会主义制度,中断或者阻滞了本国的现代化进程。这一方面与苏联将自己的模式绝对化、强行推向其他社会主义国家有密切关系,也与新兴的社会主义国家不能认识到自身特殊性并找到适合自己的社会主义现代化道路有关。

中国走社会主义现代化道路,同样要根据本国的国情和民族特点选择符合自身要求的方式,这是道路的特殊性也是历史发展的必然要求。但在中国式现代化道路的探索中,究竟走一条具有什么特色的道路,怎样创新地走出自己的道路,只能在实践中加以摸索探究。在探索之初,同样出现了在某种程度上照搬苏联模式的问题,但中国共产党在发现苏联模式的问题后,就开始了反思。经过艰难探索,在总结历史经验教训的基础上,中国共产党带领中国人民找到了中国特色社会主义这一正确道路,大大推进了中国式现代化的进程。中国特色社会主义道路,既坚持了科学社会主义的基本原则,又根据本国国情和民族特点发展了科学社会主义,有着鲜明的中国特色。这里的"中国特色"可以从诸多层面加以理解,这里用"两个结合"加以说明。

首先,结合中国具体实际,坚持走自己的路。经济上,从单一公有制和单一的按劳分配制度,发展为以公有制为主体、多种所有制经济共同发展,按劳分配为主体、多种分配方式并存制度,从高度集中的计划经济向社会主义市场经济转变。这种经济制度的转变是中国特殊社会主义现代化道路上的重大创新,既坚持了科学社会主义的基本原则，又在中国这样一个相对落后的发展中国家建设社会主义的过程中创造出具有中国特色的经济制度。特别是社会主义与市场经济的组合打破了人们的思维定式，创造了一种新的经济形态，并在实践中取得了巨大的成就，大大推进了中国式现代化的进程。在政治上，将党的领导、人民当家作主、依法治国有机统一起来，以国家治理体系和治理能力现代化为目标，大力发展全过程人民民主，将其确定为中国式现代化的本质要求之一，并在实践过程中不断完善发展了中国特色的政治制度，如人民代表大会制度、新型政党制度、政治协商制度、"一国两制"制度等。在其他领域，党和国家也结合中国的具体实际，创造性地建立了诸多具有中国特色的制度，进一步展现了中国式现代化的中国特色。

其次，结合中华优秀传统文化，推动马克思主义中国化，推动中华传统文化的创造性转化和创新性发展，进一步彰显了中国特色社会主义鲜明的民族特色。实际上，在革命和建设时期，我们党就已经开始重视将中华优秀传统文化与马克思主义相互融通，重视赋予马克思主义以独特的中国风格和中国气派，不仅大大促进了马克思主义在中国的传播，还为中国革命的胜利和中国式现代化的发展发挥了巨大的指导作用。"实事求是"一词的广泛应用，就是这种结合的生动展现。在全面建设社会主义现代化国家新征程上，我们更要认识到文化的重要性，认识到文化自信的巨大力量，进一步重视对马克思主义基本原理和中华优秀传统文化的研究，在此基础上借鉴国外优秀文明成果，在中国式现代化的实践中创造出中国特色社会主义的先进文化，以高度的文化自信不断引领和推进中国式现代化。

三、中国式现代化不走老路和邪路

正如党的二十大报告强调的那样,要"坚持道不变、志不改,既不走封闭僵化的老路,也不走改旗易帜的邪路"①。中国式现代化要立足现实,面向未来,坚定不移走中国特色社会主义道路。应当认识到,推进中国式现代化有着光明的前途,但必定不会是坦途,前进道路上必然会遇到各种艰难险阻。当问题出现时,往往会有两种倾向,一是向"后"看,一是向"西"看。

前一种倾向,往往认为问题的出现是由于改变了过去的发展路线,要解决前进中的问题就要向后走,因循守旧,按照以前走过的老路去解决眼前的问题。对于中国式现代化的历程来讲,这里说的老路主要"是指改革开放前,尤其是受苏联模式影响时期的发展道路"②。我们提出不走封闭僵化的老路,并不是否定改革开放前的探索及其取得的巨大成就,并不否定以往的道路是切合于当时的时代特征,而是说中国已经发展,中国当前的实际情况和面临的国际形势与过去相比已经有了巨大变化,以往的老路是不适合于当今的情况的。可以总结历史的经验教训以给予当前的我们以启示,但是一切要以时间、地点、条件为转移,任何人、任何时代、任何国家都不可能通过复制过去的老路去推动本国的发展。

后一种倾向,往往认为问题的出现是由于我们不够西化,要解决前进中的问题,就要向"西"看齐,走西方的资本主义现代化之

---

① 习近平:《高举中国特色社会主义伟大旗帜 为全面建设社会主义现代化国家而团结奋斗》(2022年10月16日),《人民日报》2022年10月26日。

② 周菲:《社会主义核心价值观与中国梦》,人民出版社2015年版,第183页。

中国式现代化面面观

路,甚至照抄照搬西方的做法,按照西方模式解决问题。而且这种倾向在面对西方模式时,也往往仅看到少数几个西方发达国家的情况,并不了解众多西方国家现代化过程的历史与现实的全貌,不了解西方国家采取相应措施和行动背后的条件。在面对西方现代化的历史和现实时,应当看到西方国家所走的现代化道路与我国所走的现代化道路有着很大的不同。我们在看待西方国家现代化的历史时,同样可以把西方国家现代化之路称为现代化的"老路"。正如马克思所说:"资本来到世间,从头到脚,每个毛孔都滴着血和肮脏的东西。"[①]西方国家的现代化的老路给世界各国人民包括西方国家自己带来了巨大的损害。这种老路实际上已经完全不可能再现,我国也绝不可能通过西方国家现代化的老路去推动中国式现代化。当然,这不否认西方国家现代化的老路对我们走中国式现代化道路的警示意义。具体来看,西方现代化的老路主要有以下几个特点。

一是往往通过掠夺、殖民、战争等方式完成了资本原始积累。在这种情况下,殖民地的人口和财富被西方国家的殖民者占有,殖民地的人民长期生活在巨大的灾难之中,亚非拉广大地区的人民经受了上百年的剥削奴役和战争之苦。直到今天,在全球的资本主义秩序之下,"中心—外围"的不平等结构仍然没有根本改变。

二是在资本主义社会人与人的关系之中,人被资本所异化,成为资本增殖的工具。西方各国工人阶级长期在极其恶劣的环境中工作和生活。经过长期的工人运动和斗争之后,工人的工作和生活环境才有所改善,但整个社会的撕裂状态和两极分化并没有得到根本

[①] 《马克思恩格斯文集》(第五卷),人民出版社2009年版,第871页。

第四章 推进中国式现代化的重大原则

上的解决。特别是当经济危机来临时，各国内部矛盾变得更为尖锐，各国往往采取各种措施向外转移矛盾，给世界的和平与发展造成破坏。资本主义现代化历程中爆发了多次战争，两次世界大战正是这种矛盾激化的产物。今天，在全球经济增长乏力的情况下，世界局势变化的巨大不确定性，同样与资本主义内在矛盾密不可分。

三是在人与自然的关系上，资本主义的现代化之路中往往不加限制地对自然进行破坏和污染，生态环境极度恶化，也给人自身的生存带来威胁。而且资本主义国家在全球化过程中，还将大量高污染、破坏环境的工厂向发展中国家转移，将污染和破坏从本国转移到相对落后国家。

总之，西方的现代化之路已经成为现代化的老路，不适合今天的中国。中国式现代化绝不是对西方现代化的模仿，而是根据中国的具体实际和世界现实状况，走出的一条新的现代化之路。这条路既不是封闭僵化的老路，也不是改旗易帜的邪路，更不是亦步亦趋重走西方现代化的老路，而是独立自主的中国特色社会主义道路、创造人类文明新形态之路。

第三节 坚持以人民为中心的发展思想

党的二十大报告指出："坚持以人民为中心的发展思想。维护人民根本利益，增进民生福祉，不断实现发展为了人民、发展依靠人民、发展成果由人民共享，让现代化建设成果更多更公平惠及全体

> 中国式现代化面面观

人民。"人民是历史的创造者,是历史的真正主体,是推动社会发展进步的决定力量。中国式现代化不是少数人的事业,而是全体人民的事业;中国式现代化不是靠少数人就能实现的,而要依靠全体人民的力量才能实现。在全面建设社会主义现代化国家的新征程上,坚持以人民为中心的发展思想,就必须处理好"做蛋糕"与"分蛋糕"的关系,既要依靠人民做大做好"蛋糕",又要分好"蛋糕",让发展成果更公平地惠及全体人民,让作为历史主体的全体人民始终支持推进中国式现代化。

一、中国式现代化是坚持人民立场的现代化

"人民性是马克思主义的本质属性"①,人民立场是中国共产党的根本立场,推进中国式现代化的目的,是满足人民对美好生活的需要。中国共产党自诞生起就把为中华民族谋复兴、为中国人民谋幸福作为自己的初心和使命。正是由于与人民的血肉联系,中国共产党才从一个弱小的党发展成一个强大的党,才在一次次严峻的考验中战胜困难,带领中国人民一步步迈向胜利。正如习近平总书记所说:"我们党来自于人民,为人民而生,因人民而兴,必须始终与人民心心相印、与人民同甘共苦、与人民团结奋斗。"②在推进中国式现代化的过程中,我们党是否坚持人民立场、人民至上,是否能够维护最广大人民根本利益,决定了中国式现代化的成败。

首先,坚持人民立场是唯物史观的基本要求。唯物史观从现实

---

① 习近平:《高举中国特色社会主义伟大旗帜 为全面建设社会主义现代化国家而团结奋斗》(2022年10月16日),《人民日报》2022年10月26日。

② 《习近平谈治国理政》(第三卷),外文出版社2020年版,第137页。

第四章　推进中国式现代化的重大原则

的人出发,认为人作为社会实践主体,不仅创造了物质财富和精神财富,还在这种创造中不断去变革阻碍生产力发展的生产关系和社会关系,对社会历史发展的进程起着决定性作用。就当前我们推进中国式现代化这一历史进程来看,真正推动中国式现代化、决定中国式现代化根本走向的同样是人民。只有坚持人民立场,我们党才能站在历史正确的一边,才能推动历史车轮滚滚向前,才能彰显党的正确性和先锋队性质。

其次,坚持人民至上是党奋斗实践的宝贵经验。唯物史观的基本原理是深刻的,但在实践中如何真正站好站稳人民立场并不是一件容易的事。在党的历史上,各个时期偶尔会有不同程度的脱离群众的现象发生,给党的事业带来了一定的损失。每当党与群众的关系密切之时,党的事业就能更好地前进。早在1934年,毛泽东同志针对党与人民群众的关系问题,就指出要"真心实意地为群众谋利益,解决群众的生产和生活的问题,盐的问题,米的问题,房子的问题,衣的问题,生小孩子的问题,解决群众的一切问题"[①]。可以说,人民立场不是空洞的、抽象的,而是现实的、具体的。只有把人民群众急难愁盼的大事小事都当作自己的事,共产党人才能真正与群众紧密联系来。进入新时代,脱离群众的危险被认为是我们党面临的四种危险之一。党内形式主义、官僚主义、享乐主义和奢靡之风等脱离群众的现象时有发生,如果我们党任由这种现象蔓延,那么就不可能真正做到站稳人民立场。中国共产党加强自身建设,正风肃纪,对形式主义、官僚主义、享乐主义和奢靡之风"零容

---

① 《毛泽东选集》(第一卷),人民出版社1991年版,第138-139页。

忍",强调必须始终把人民放在最高位置,把群众的事当作自己的事,把群众是否满意作为检验党的工作的第一标准。只有这样才能获得群众的真心支持和拥护,中国式现代化事业才能更顺利地推进。

最后,坚持人民立场,坚持人民至上,说到底是要维护好最广大人民群众的切身利益和根本利益。一方面,要始终重视解决广大人民群众的切身利益问题,即民生问题。民生问题涉及人民群众生活的方方面面,必须解决好。另一方面,要从大处着眼,从根本利益着眼,办好一系列大事。这些大事暂时可能与人民群众没有很直接的联系,但长远看却对发展人民群众的利益有着重大而深远的影响。这些大事可能涉及重要的制度变更、重要的科学技术研究等,一些具有长远利益性质的任务甚至可能与人们的短期利益相冲突,但只要从根本上有助于维护最广大人民群众的利益,必然会获得人民的支持和拥护。习近平总书记指出:"中国共产党始终代表最广大人民根本利益,与人民休戚与共、生死相依,没有任何自己特殊的利益,从来不代表任何利益集团、任何权势团体、任何特权阶层的利益。"[①]只要中国共产党与人民休戚与共、生死相依,时刻以人民利益为准绳,就必定能够顺利地把中国式现代化推向新的阶段。

二、中国式现代化是充分发挥人民主体性的现代化

推进中国式现代化是一项长期而艰巨的任务,这项事业不是少

[①] 习近平:《在庆祝中国共产党成立100周年大会上的讲话》(2021年7月1日),《人民日报》2021年7月2日。

数人能完成的事业,需要充分发挥亿万人民的主体性方能实现。必须尊重人民群众在创造历史过程中的主体地位,让人民群众的主体性得到充分发挥,不指挥包办替代,为中国式现代化提供源源不断的动力。要做到这一点,首先必须对人民主体论有深入的了解。实际上,我国传统社会已有民本思想,如《尚书·五子歌》中的"民惟邦本,本固邦宁"、孟子提倡的"民为贵,社稷次之,君为轻",把"民"之于国家的重要性表达了出来。又如老子曾说的"圣人无常心,以百姓心为心",实际上就要求当政者把百姓的心意当作自己的心意,而不能有自己的私心和意志。此后历代王朝也大多宣传民本思想,但需要注意的是,传统社会宣传民本思想,其目的是为了维护君主统治,体现的是君主对治下臣民的居高临下之"爱",其等级关系并没有改变。我国传统社会的民本思想与我们所讲的人民主体论有着本质上的不同。

这种不同主要从两个方面来理解,一是今天"人民"的含义与古代的"民"有着根本的不同。古代的"民"是与君主、贵族、官吏等相对的概念,其内在包含了一种不平等的关系,而今天所讲的"人民"是社会主义制度保证下普遍平等的普罗大众的意思,是占社会绝大多数的承担现实生产生活的人的总和,是推动社会进步的主体力量。二是人民从客体转变为主体。古代的民本思想虽有其积极意义,但从根本上是将"民"看成一种工具,一种满足统治者需要的客体。在民本思想背后,我们实际上看到的是官本位思想。我们今天所坚持的人民主体论,是吸收了现代文明成果——人的主体意识的觉醒而产生的。人们从那种等级关系中脱离出来,认识到自己才是历史的真正创造者。从我们党的奋斗历程来看,人民群众是我们党革命、建设和改革的主体力量。因此，我们绝不是按照传统社会对民的态度和看法去对待今天的人民，而是充分尊重人民的主体性，尊重人民的首创精神，真正把人民放在最高的位置。

此外，要推进中国式现代化，就必须充分尊重人民的主体性。要充分发挥人民作为实践主体的创造力，从而为中国式现代化提供源动力；同时要充分发挥人民作为评价主体的作用，使中国式现代化的措施和效果由人民来评价。具体来看，主要应从以下两个方面入手。

一方面，从人民作为实践主体来看，人民是历史的创造者，是推进中国式现代化的决定性力量，是否坚持人民主体地位与我们事业的兴衰成败紧密相关。要真正保障人民主体地位，仅靠思想认识还不够，还需要在现代化建设的诸多方面通过一系列制度加以保障。特别是要通过全过程人民民主真正保证人民当家作主，要让人民真正参与到管理国家事务和社会事务、管理经济和文化事业中去，成为现代化建设的主人。唯有如此，人民的智慧和能力才能真正发挥出来。

另一方面，从人民作为评价主体来看，人民不仅是历史的创造者，也是历史的评价者。评价是一种价值判断问题。检验中国式现代化过程中的制度、政策是否正确，最终要以人民的评价为标准。人们常说"金杯银杯，不如老百姓口碑"，实际上就说明了人民的评价才是最重要、最根本的评价。只有人民认可的中国式现代化，才是我们所追求的现代化。党和国家不仅要自觉接受人民的评价和监督，还要运用法治化的方式保障人民的评价主体地位。保障人民的评价主体作用，能够充分发挥并对党和国家起到监督作用，使人民的意见和建议能够得到表达和实施。

三、中国式现代化是人民共享发展成果的现代化

党的二十大报告强调,要"不断实现发展为了人民、发展依靠人民、发展成果由人民共享,让现代化建设成果更多更公平惠及全体人民"。① 如果说坚持人民立场是要确保发展为了人民,发挥人民主体性是要确保发展依靠人民,那么最终人民所创造的现代化建设成果同样也必须由人民共享。在推进中国式现代化的过程中,我们的目标从20世纪末基本达到小康,到21世纪初全面建设小康社会,到2020年全面建成小康社会,再到全面建设社会主义现代化国家,共同富裕目标被摆在更加重要的地位。这种目标的变化,实际上体现了对于"共享"理念的追求。特别是全面建成小康社会过程中的脱贫攻坚战,历史性地解决绝对贫困问题,实际上就是要让全体人民都达到小康水平,能够更好地共享现代化建设的成果。"共享"既是新时代五大发展理念之一,更是共同富裕的必然要求。在推进中国式现代化的路上,随着发展水平的日益提升,实现更高水平的共享也必须成为我们的目标,只有这样,我们才能一步步向共同富裕的目标迈进。

首先,发展成果的共享是多方面的,要与人民不断增长的美好生活需要相适应。过去,我国社会主要矛盾是人民日益增长的物质文化需要同落后的社会生产之间的矛盾,人们的需要主要集中在物

---

① 习近平:《高举中国特色社会主义伟大旗帜 为全面建设社会主义现代化国家而团结奋斗》(2022年10月16日),《人民日报》2022年10月26日。

质和文化两方面，而又以物质需要为主。我们所实现的全面建成小康社会的标准实际上也主要是以物质需要的满足、特别是收入水平提高为标准的。因此，在过去的阶段，我们所讲的发展成果的共享，更多的是物质生活需要方面的，其他方面的需要往往还没有提到相对重要的位置上来。在全面建设社会主义现代化国家的新征程上，随着发展水平的日益提高，人们的需要也日益从单一的物质需要向多方面的立体需要发展。这些需要表现在日益增长的精神文化的需要、政治参与的需要、良好生态环境的需要等诸多方面。这些方面的需要的满足实际上是不平衡不充分的。如果我们对发展成果的共享还仅停留在物质需要领域，那必然不能满足人民全面而丰富的需要，因此我们必须要让各个方面的发展成果更全面地惠及全体人民，从而更好地满足人民的美好生活需要。

其次，要逐步提升发展成果的共享水平，即要使发展成果更为公平地惠及全体人民。一方面，共享是全体人民的共享，不是一部分人或少数群体的共享。提升发展成果的共享水平，要把共享拓展到更广阔的范围，特别是在以往的发展中受关注不够或容易被追求竞争与效率的发展路径排斥的群体，比如各类弱势群体或容易被社会所遗忘的群体。2022年3月6日，习近平总书记在看望参加全国政协十三届五次会议的农业界、社会福利和社会保障界委员，并参加联组会，听取意见和建议时指出："做好残疾人康复、教育、就业等工作，保障流浪乞讨人员人身安全和基本生活，关心关爱精神障碍人员，坚决杜绝欺凌虐待妇女儿童、老年人、残疾人等违法行为。"对各类弱势群体的关注和帮助，实际上就是要让发展成果更全面地惠及这些群体，使他们也能共享到社会进步带来的好处。另一

第四章 推进中国式现代化的重大原则

方面，共享是更为公平的共享，即不断缩小享有成果的差距，避免两极分化。这种公平首先表现在权利公平、机会公平、规则公平上，要通过有效的制度建设社会公平的保障体系，使人民能够在一个公平的社会环境中参与现代化建设。在这种公平的基础上，我们要进一步努力追求一种实质的公平。

最后，发展成果更多更公平惠及全体人民，将进一步提升人民的积极性和创造性，将进一步创造出更高的生产力，从而形成创造与共享的良性循环。在推进中国式现代化过程中，必须处理好"做蛋糕"与"分蛋糕"的关系，即创造与共享的关系。"做蛋糕"与"分蛋糕"并不是互相分离的两个事情，二者是互为前提的。正如对生产与分配关系的分析，一般的理解认为分配只是产品的分配，但马克思指出："分配的结构完全取决于生产的结构。分配本身是生产的产物"[1]，"在分配是产品的分配之前，它是（1）生产工具的分配，（2）社会成员在各类生产之间的分配"[2]。实际上在生产中已经有了生产工具和人员的分配，这种分配已经决定了产品的分配，而产品的分配又会成为下一轮生产的前提。"做蛋糕"与"分蛋糕"的关系也是这样互为前提的关系——分好"蛋糕"才能更好地做大"蛋糕"，做大"蛋糕"才能更好地满足人民日益增长的需要，才能更好地推动中国式现代化建设。

---

[1]《马克思恩格斯选集》（第二卷），人民出版社2012年版，第695页。
[2]《马克思恩格斯选集》（第二卷），人民出版社2012年版，第696页。

第四节　坚持深化改革开放

党的二十大报告指出："坚持深化改革开放。深入推进改革创新，坚定不移扩大开放，着力破解深层次体制机制障碍，不断彰显中国特色社会主义制度优势，不断增强社会主义现代化建设的动力和活力，把我国制度优势更好转化为国家治理效能。"习近平总书记指出："改革开放是决定当代中国命运的关键一招，也是决定实现'两个一百年'奋斗目标、实现中华民族伟大复兴的关键一招。"[①] 改革开放极大地推进了中国式现代化进程，让我国成为世界第二大经济体。新时代，改革开放没有停滞不前，以习近平同志为核心的党中央持续深入推进全面深化改革，扩大高水平对外开放，为中国式现代化提供体制机制保障和动力支撑。

一、中国式现代化的推进要求全面深化改革

全面深化改革是"四个全面"战略布局的重要一环，也是推进中国式现代化的必然要求。2023年2月，习近平总书记在新进中央委员会委员、候补委员和省部级主要领导干部学习贯彻习近平新时代中国特色社会主义思想和党的二十大精神研讨班开班式上强调："推进中国式现代化是一个探索性事业，还有许多未知领域，需要我

---

① 《习近平总书记系列重要讲话读本》，学习出版社、人民出版社2014年版，第38页。

们在实践中去大胆探索，通过改革创新来推动事业发展，决不能刻舟求剑、守株待兔。"实际上，任何一个国家的社会生产力都是不断发展变化的，新的生产力状况必然要求对生产关系和上层建筑加以改革，以适应生产力发展的要求。这种生产力的不断变化实际上就提出了持续改革的要求，而只有真正理解和接受唯物史观的基本原理，才能站在历史正确和历史主动的一边，才能主动寻求改革、适应新变化，才能更好地推动国家的现代化进程。新中国成立后，我们开始探索中国式现代化道路。党的十一届三中全会开启改革开放历史新时期，真正开启了大规模改革，并将中国式现代化推进到新的阶段。这一时期，我国在经济、政治、文化、社会等各个领域进行了大量改革，我国现代化建设取得了举世瞩目的巨大成就。

进入新时代，中国式现代化取得了巨大成就，我们也有了更丰富的经验去主动改革并应对各类新问题。进入新的历史阶段，各种新问题、新矛盾层出不穷，且遭遇"百年未有之大变局"，加之国外敌对势力遏制中国发展的意图更为明显，我国进一步推进中国式现代化面临着前所未有的重大风险和考验，这些都要求我们进一步全面深化改革。在这样一个重要关头，以习近平同志为核心的党中央敢于刀刃向内，勇于自我革命，以巨大的政治勇气全面深化改革，着力破解深层次体制机制障碍，推进全面深化改革，为中国式现代化打开了新局面，进一步彰显了中国特色社会主义的制度优势。

改革只有进行时，没有完成时。我们要通过改革进一步推进中国式现代化。一是要坚定全面深化改革的信心和决心。要深刻认识到全面深化改革的必要性，凝聚起全面深化改革的共识。改革是对原有社会资源分配方式和利益格局的调整，必然要触动一部分既得利益者的利益,受到原有社会惯性的阻力。没有为了党和国家事业的长远发展、为了多数人而得罪一小部分人的信心和决心,改革就不可能成功。党的十八大以来,我们党之所以能攻克许多难关,办成许多过去想办而没有办成的事,解决许多长期想解决而没解决的难题,靠的就是这种信心和决心。二是要把全面深化改革与深入调查研究结合起来。2020年7月,习近平总书记在党外人士座谈会上强调:"要正确认识当前经济形势,深入调查研究,以更大的力度推进全面深化改革。"2023年3月,中共中央办公厅印发了《关于在全党大兴调查研究的工作方案》,方案明确把"全面深化改革开放中的重大问题,重要领域和关键环节改革、推进高水平对外开放中的主要情况和重点问题"作为调研的内容。可以说全面深化改革离不开深入的调查研究,只有通过深入的调查研究才能更好地发现我们面临的问题和困境,才能为全面深化改革提供支撑,保证改革不走偏。三是要把握好改革的系统性、整体性和协同性。改革是一项系统工程,各个领域各个方面的改革实际上都是密切联系的,需要做好各项改革之间的协调工作,使各项改革之间协调配套、相互促进,从而提高改革效率,避免出现各项改革措施之间互相掣肘的现象。只有这样,才能通过全面深化改革,破解深层次体制机制障碍,不断增强中国式现代化建设的动力和活力。

二、中国式现代化需要高水平的对外开放

对外开放是整个世界迈向现代化的必然要求,当今世界各国的发展都离不开世界市场,关起门来搞建设是不可能成功的,但对外

第四章 推进中国式现代化的重大原则

开放的前提是独立自主、自力更生，并且要坚持平等互利的原则。近代中国没有获得民族独立和人民解放条件下的开放，只能是任人宰割的附庸型开放。这种附庸型开放发生的前提，是西方国家步入资本主义。在资本逐利本性的要求下，西方国家不断向外开拓市场，要把世界各地都卷入到世界市场中。这种被动的卷入，给中国和广大的亚非拉地区带来巨大的灾难。随着中国新民主主义革命的胜利，我们掌握了对外开放的自主权，能够独立自主地按照自己的利益和需要推动平等的对外开放。

对外开放在中国式现代化进程中起到了巨大的推进作用。特别是党的十一届三中全会确立对外开放的基本国策以后，我国的对外开放进入到全新阶段，中国同国际社会的联系日益密切，有力助推了改革和经济的发展。我国的对外开放不是一蹴而就的，是随着我国现代化的发展水平而逐步提升的。这种提升进一步推动了我国的现代化建设。最初，我国的对外开放主要是通过经济特区试点的形式开展的，且主要是借助低成本的劳动力优势参与到国际分工中。此后，我国的对外开放程度日益扩大，不仅开放地区由沿海向内陆发展延伸，而且逐步扩大到产业领域等方面。特别是2001年加入世界贸易组织后，我国的对外开放进入了新阶段，逐步形成了全方位、多层次、宽领域的对外开放格局，并且这种开放日益从单方面的引进来向走出去发展。

进入新时代，我国经济发展由高速增长阶段转向高质量发展阶段，进一步提升对外开放水平。自2013年开始，我国在上海开启了自由贸易试验区建设，经过10年的发展，我国已经设立20多个自由贸易试验区和海南自由贸易港，且我国对外开放的领域日益增多，负面清单不断减少,对外开放水平日益提升。特别是从 2020 年开始,随着我国全面建成小康社会,中国式现代化建设进入新阶段,更高水平的对外开放成为进一步推动中国式现代的必然要求。"十四五"规划和 2035 年远景目标提出了实行高水平对外开放的新目标,提出坚持实施更大范围、更宽领域、更深层次对外开放。更高水平的对外开放包括两层含义,一是引进来的问题,即我国内部以什么样的开放水平面对国外,二是走出去的问题,即我国的对外开放如何向外拓展。

引进来方面,我国以建设更高水平开放型经济体制为目标。一是加快推进制度型开放,从以往重视贸易开放、生产要素如资本、技术、人员等方面的开放,转向推动规则、规制、管理、标准等方面的制度型开放。二是提升对外开放平台功能,注重建立和发展对外开放综合平台,如自由贸易试验区、综合保税区、边境经济合作区、内陆开放型经济试验区等。三是进一步优化区域开放布局,优化各区域对外开放格局,助推内陆地区、沿边地区等开放较晚地区提高开放水平。四是健全与高水平开放匹配的安全保障体系,对相关风险和损害进行监管和防控。

走出去方面,我国以"一带一路"倡议为抓手,在共商共建共享原则上加强中外合作,促进共同发展。从合作的制度、规划等方面加强合作对接,为区域合作打下良好基础。在此基础上,推动基础设施互联互通,打通合作的空间阻隔,同时为"一带一路"国家间贸易和投资提供便利和安全保障。此外,我们还要积极参与全球治理体系改革和建设,积极维护和完善多边经济治理机制,促进国际高标准自由贸易区网络建设,为经济发展营造良好外部环境。

可以说，高水平对外开放是一个系统的开放体系，既要引进来也要走出去；既要不断扩大开放的广度和深度，也要控制风险保障安全；既要吸收国外的先进成果为我所用，也要向国外展现我国发展的水平和实力；既要尊重国际规则，主动融入现有国际体系，也要积极推动现有全球治理体系的改革和建设，推动构建人类命运共同体。总之，只有深刻把握高水平对外开放的要求，才能让这种开放更好地推进中国式现代化建设。

三、在改革开放中加快构建新发展格局

党的二十大报告指出："必须完整、准确、全面贯彻新发展理念，坚持社会主义市场经济改革方向，坚持高水平对外开放，加快构建以国内人循环为主体、国内国际双循环相互促进的新发展格局。"这就要求我们以新发展理念为指导，在深入推进改革开放的过程中，构建国际国内双循环的新发展格局。

构建新发展格局是对改革开放以来的原有发展格局进行的战略调整。新中国成立至今，党领导人民不断探索中国式现代化道路，由于历史条件，我们的发展格局经历了不同的变化。改革开放前，我国的发展格局主要是以内循环为主。选择这种发展格局的原因，与当时的国际形势有着密切的关系。建国初期，资本主义阵营和社会主义阵营严重对立，西方国家对我国实行封锁，此后又由于中苏关系破裂，我国在经济发展上主要处于相对封闭的内循环之中。当时我国外交的主要任务，就是尽力突破封锁，尽可能与其他国家建立更多联系，通过这种联系促进我国的现代化建设。改革开放后，

我国开始快速融入世界经济体系中，我国的发展格局逐渐向以外循环为主的方向发展。这一时期，我国大力发展出口导向的外向型经济，采用原材料供应和产品销售"两头在外"的发展模式，迅速发展成为了"世界工厂"。这种外循环给我国经济发展带来了巨大的促进作用。但随着我国发展进入新阶段，加之国际形势的巨大变化，特别是面对世界经济持续低迷、逆全球化思潮和贸易保护主义抬头等现实情况，外循环的风险和限制日益增长，以往的发展格局已经不再适应我国全面建设社会主义现代化国家的新要求。在这种情况下，我们党制定了构建新发展格局的重大战略举措。

构建新发展格局要求以国内大循环为主体，但这并不是封闭保守、拒绝开放的内循环，而是要在以往发展成果的基础上，使内循环在经济发展中起主导作用，并且不断提升对外开放水平，使国内国际双循环相互促进，共同助推中国式现代化建设向前发展。构建新发展格局仍然离不开深化改革和扩大开放，某种程度甚至可以说新发展格局是对改革开放的一次升级，是对新中国成立以来我国经济发展从基本上是内循环到以外循环为主导，再到更高水平的以内循环为主导的一种螺旋上升式的发展。

加快构建双循环的新发展格局，除了进一步推进高水平对外开放外，还应着重从以下三个方面加以推进。

一是以建设全国统一大市场为着力点继续深化改革，畅通国民经济的内循环。2022年4月，《中共中央 国务院关于加快建设全国统一大市场的意见》对外发布，该意见指出，"建设全国统一大市场是构建新发展格局的基础支撑和内在要求。"该意见从八个方面对加快建设全国统一大市场做出具体部署，针对市场制度规则、地方保护和市场分割等方面的重要问题提出了详尽的改革要求和改革措施，是对社会主义市场经济体制的又一次改革提升。要通过建设全国统一大市场，进一步畅通我国生产、分配、交换、消费的各个环节，打通国内循环的堵点，形成安全稳定的全产业链，促进资源在全国更有效配置。

二是坚持扩大内需，强化科技创新，为内循环提供强大支撑。要形成以内循环为主导的发展格局，没有充足的内需是无法进行的。要通过深化改革调整收入分配结构，解决好教育、医疗、养老等问题，减少百姓的后顾之忧，采取多种措施促进就业，从而进一步提升内需，促进内循环发展。同时，内循环还必须解决产业发展中的各种"卡脖子"问题。当我们的产业碰到国外技术壁垒或技术制裁时，如果没有替代技术，我们的内循环必然会受到限制，这就需要强化科技创新。对此，必须进一步改革科技创新体制，为科技创新提供良好的资源支持，让更多优秀人才加入科技创新事业，创造出更多更优秀的科技成果，为内循环提供更强的科技支撑。

三是加强内外循环的联动，使二者的相互促进作用得到充分发挥。今天我们推进以国内大循环为主体的新发展格局，不会也不可能与外循环隔离开来。我们必须根据内循环的需要，合理调整内外循环的关系，使外循环能够更好地补充我国内循环的劣势和不足。要把内外循环联动的主动权牢牢掌握在自己的手中，使其为我所用，有效促进我国经济的高质量发展，形成国内国际双循环相互促进的新发展格局，从而使内外循环更好地服务于中国式现代化建设。

第五节　坚持发扬斗争精神

党的二十大报告指出:"坚持发扬斗争精神。增强全党全国各族人民的志气、骨气、底气,不信邪、不怕鬼、不怕压,知难而进、迎难而上,统筹发展和安全,全力战胜前进道路上各种困难和挑战,依靠顽强斗争打开事业发展新天地。"中国共产党的历史是一部伟大的斗争史。中国共产党百年奋斗的成功经验表明,必须充分发扬斗争精神。没有斗争精神,我们党就不可能从一个只有几十人的小党发展成为拥有9800多万党员的世界第一大党,就不可能一步步战胜国内外的强大敌人,就不可能带领中国人民在一穷二白的基础上建设出一个日益繁荣富强的新中国。站在新的历史起点上,面对各种新情况、新问题和新挑战,特别是面对各种看似不可能完成的任务,我们必须坚持发扬斗争精神,在斗争中赢得历史主动,克服国内外的各种不利因素,以中国式现代化全面推进中华民族伟大复兴。

一、坚持敢于斗争是党百年奋斗的宝贵历史经验

从党的百年奋斗史来看,我们党之所以能带领人民战胜一切艰难险阻,从一次次生死考验之中壮大起来,并取得一个又一个胜利,没有敢于斗争的强大精神是不可能实现的。坚持敢于斗争是

第四章　推进中国式现代化的重大原则

《中共中央关于党的百年奋斗重大成就和历史经验的决议》中总结的十条经验之一,是我们必须倍加珍惜并长期坚持的宝贵经验。

中国共产党自诞生起就具有敢于斗争的精神。习近平总书记指出,"我们党诞生于国家内忧外患、民族危难之时,一出生就铭刻着斗争的烙印,一路走来就是在斗争中求得生存、获得发展、赢得胜利。"①中国共产党创立时,中国人民面对着国内国外一个又一个强大的敌人。国外,一战结束后帝国主义列强再次卷土重来,特别是日本进一步加紧对中国的侵略,中国民族工业的发展再次陷入低潮;国内,北洋军阀各派系之间的斗争一直持续不断,且军阀与外国势力相互勾结,中国人民处于水深火热之中。面对如此强大的国内外敌人,面对如此危险的形势,在全国只有几十名党员的中国共产党召开第一次全国代表大会,正式创立中国共产党,拉开了与国内外反动势力斗争的序幕。这种斗争是艰难的、残酷的。敌人的疯狂镇压给我们党带来了巨大的生存威胁,但我们党敢于斗争的精神从未被摧垮。即使面对大革命失败等严重挫折,我们党也没有放弃斗争,而是重新站了起来,在斗争中继续发展壮大。抗日战争时期,中国共产党带领人民坚决抗击日本侵略者,坚持持久战,发挥了中流砥柱的作用。除此之外,中国共产党还要与自身内部的错误路线做斗争,与自身内部分裂和叛变的行为作斗争。

新中国成立后,我们党的斗争逐渐从以革命斗争、军事斗争为主,转向了新阶段,转变为为了建设一个新世界而斗争。在这场新

---

①　习近平:《在"不忘初心、牢记使命"主题教育总结大会上的讲话》(2020年1月8日),《人民日报》2020年1月9日。

的斗争中，党领导人民探索中国式现代化的道路，取得了一个又一个伟大成就。新中国成立初期，党领导人民在国内、国际，在政治、经济、军事等各方面进行了坚决顽强的斗争，实现了祖国大陆的完全统一，迅速恢复了国民经济，社会面貌焕然一新，赢得抗美援朝战争伟大胜利，新生政权得到了巩固。此后，我国开始推进工业化，逐渐完成社会主义三大改造，建立了社会主义制度，开始大规模的社会主义建设。这一时期，党领导人民在诸多领域实现了从无到有的突破，取得了巨大成就，为开创中国特色社会主义打下了基础。改革开放和社会主义现代化建设新时期的伟大成就，同样是在斗争中取得的。改革开放逐步推进的历史，就是与不适应中国现代化发展的各种阻碍因素进行斗争的历史。中国特色社会主义进入新时代，面对错综复杂的国际国内形势，党坚持发扬斗争精神，进行了具有许多新的历史特点的伟大斗争，党和国家事业取得历史性成就、发生历史性变革，推动我国迈上全面建设社会主义现代化国家新征程。

二、推进中国式现代化必须敢于斗争

在推动中国式现代化的进程中，必定会出现强大的敌人或遭遇前所未有的挑战，这就要求我们必须坚持敢于斗争，以避免我们的事业受损或受阻。

首先，坚持敢于斗争要深刻认识当前阶段斗争的内涵。党的历史上每个阶段的斗争都有不同的对象和特点，也有不同的斗争方式。2020年1月，习近平总书记在"不忘初心、牢记使命"主题教育总结大会上的讲话指出:"我们讲的斗争,不是为了斗争而斗争,也不是为了一己私利而斗争,而是为了实现人民对美好生活的向往、实现中华民族伟大复兴知重负重、苦干实干、攻坚克难。衡量党员、干部有没有斗争精神、是不是敢于担当,就要看面对大是大非敢不敢亮剑、面对矛盾敢不敢迎难而上、面对危机敢不敢挺身而出、面对失误敢不敢承担责任、面对歪风邪气敢不敢坚决斗争。"只有目标明确了,才能把准斗争的方向。现阶段我们进行斗争的目的是为了更好地满足人民的美好生活需要,是为了实现中华民族的伟大复兴。我们要以习近平总书记提出的五个"敢不敢"作为评判是否有斗争精神的标准,坚持发扬斗争精神,做好准备战胜前进道路上的各种困难。

其次,坚持敢于斗争要敢于同党内的问题作斗争,推进党的建设新的伟大工程。党是中国式现代化的领导者,我们党长期面对"四种考验""四种危险",必须通过斗争进一步推进全面从严治党,保证党的先进性和纯洁性。具体来看,同党内各种问题进行坚决斗争,主要涉及以下几个方面:一是思想斗争。要坚定理想信念,坚定"四个自信",同各种错误思想和言论作斗争,自觉与党中央保持高度一致,把思想统一到党的二十大精神和中央各项决策部署上来,共同向着全面建设社会主义现代化国家的目标迈进。二是政治斗争。要深刻领悟"两个确立"的决定性意义,切实增强"四个意识",做到"两个维护",不断提高政治判断力、政治领悟力、政治执行力,同政治立场不坚定,对党不忠诚、不老实等现象进行坚决的斗争。三是要同各种弱化党的领导、违反党的纪律的行为作斗争,与各种歪风邪气和违法乱纪行为作斗争,进一步加强党的领导，把党组织建设得更加坚强有力。

最后，坚持敢于斗争要敢于同国内外妨碍中国式现代化建设的各种因素作斗争。一方面，要与国内推进中国式现代化面临的各种矛盾和深层次问题进行斗争。中国式现代化道路具有鲜明的独特性，这种独特性在人类历史上是绝无仅有的，因而也没有现成答案可以直接拿来使用。中国式现代化新道路注定会遇到各种从未遇到过的矛盾和问题，需要我们在各个领域做好迎难而上、敢于斗争的准备。例如，在经济领域，要与经济下行压力、经济转型升级阻力、就业困难、重大经济金融风险较大等问题进行斗争；在政治领域，要与否定党的领导、否定中国特色社会主义制度的言行进行坚决斗争，要继续深入推进反腐败斗争，推进常态化扫黑除恶斗争，深化反渗透反颠覆、反恐怖反分裂斗争等，为现代化建设营造良好的政治环境；在思想文化领域、意识形态领域的斗争同样复杂，对现代化建设同样有着重要的影响。其他领域同样存在着各种矛盾和问题，如果没有敢于斗争的精神，中国式现代化的目标就很难实现。另一方面，要与国外的各种不利因素作斗争，应对好复杂国际形势的挑战。当今世界处于百年未有之大变局，国际格局和国际秩序发生深刻变化，"黑天鹅"和"灰犀牛"事件不断发生，整个国际形势产生了巨大波动，存在巨大的不确定性。这种情况既给我国的发展带来了机遇，也给我国带来了诸多新挑战，特别是一些西方国家加紧对我国在意识形态和政治经济方面的攻击和打压，需要我们以更大的勇气进行斗争，维护自身利益，营造良好的发展环境。

三、推进中国式现代化必须善于斗争

党的二十大报告要求:"加强干部斗争精神和斗争本领养成,着力增强防风险、迎挑战、抗打压能力,带头担当作为,做到平常时候看得出来、关键时刻站得出来、危难关头豁得出来。"发扬斗争精神,不仅要敢于斗争,还要善于斗争。要善于斗争,就要在磨练中不断提升斗争本领,注重斗争方式,不断提升斗争艺术,在面对艰难险阻时锻炼愈挫愈勇、顽强不屈的斗争意志。

首先,通过实际斗争增强斗争本领。"玉非精琢难成器,铁经百炼而成钢。"斗争本领不是与生俱来的,斗争本领是一种能力,是应对各种斗争考验的能力,必须通过实际的斗争才能得来。对于广大干部来讲,只有敢于走在斗争的最前沿,在各种急难险重的任务中,在解决各种具体复杂矛盾的过程中,经过思想上的淬炼、政治上的历练、实践中的锻炼,才可能真正学到斗争的精髓。这里需要注意的是,斗争本领的形成要注重从思想、政治、实践三个方面来进行,处理好三者之间的关系。一是要加强理论学习。理论学习的过程也是自我淬炼的过程,要通过学习和思考打下良好的理论基础,要掌握马克思主义的基本立场观点方法,把党的理论学懂弄通,认真学习"四史",在此基础上与错误的思想进行斗争,在斗争中进一步完成思想的淬炼,提高斗争本领。二是要在政治生活当中历练自己。要不断提升自己的政治敏锐性和鉴别力,做政治上的明白人,自觉站稳政治立场,做到打铁还需自身硬,并在此基础上敢于与政治生活中的不正之风、消极腐败等现象作斗争,从中提升自己的斗争本领。三是要将思想上、政治上的斗争本领转化为带领广大人民群众推进中国式现代化事业的本领，不断提升解决实践中各类现实矛盾和问题的能力。

其次，善于斗争必须注重斗争方式，不断提升斗争艺术。习近平总书记指出："斗争是一门艺术，要善于斗争。在各种重大斗争中，我们要坚持增强忧患意识和保持战略定力相统一、坚持战略判断和战术决断相统一、坚持斗争过程和斗争实效相统一。"[①]斗争是一种复杂的活动，正像战争这种特殊的斗争要讲究天时、地利、人和等诸多因素的配合，要讲究"兵者，诡道也"一样，斗争也要根据双方所掌握的各种条件，采取各种不同的策略方式来进行。在一些情况下，这种斗争的艺术甚至会对斗争的结果产生决定性影响。在推进中国式现代化的伟大斗争中，同样要以高超的斗争艺术来达到我们的目标。要学会在诸多矛盾中抓住主要矛盾，抓住矛盾的主要方面。在面对具体问题时，既要坚持根本原则和战略目标，也要根据形势和条件，采取较为灵活的策略和政策。在每一项斗争中，都要把握好斗争的时机、力度、效果，要选择有利于我方胜利的时机，控制好斗争节奏，不贸然行事，不被敌人牵着鼻子走；要选择好斗争的力度，根据需要控制好斗争的烈度，是示弱还是示强，是留有余地还是不留后路等，都需要加以把握；要以谋求符合自身需要的实际效果为最终目标，不能意气用事为了斗争而斗争，要认识到任何斗争最终都是以解决矛盾，促进自身发展为目的。我们要在斗争

---

① 《习近平关于防范风险挑战、应对突发事件论述摘编》，中央文献出版社 2020 年版，第 221 页。

中不断提升斗争的艺术，以最低的斗争代价取得最好的斗争效果。

最后，善于斗争必须有愈挫愈勇、顽强不屈的斗争意志。要取得斗争的胜利，除了拥有过硬的斗争本领，掌握灵活的斗争艺术，还离不开顽强的斗争意志。斗争双方的胜负，在一定程度上甚至不完全取决于双方的实力对比和策略水平的高低，而是取决于双方是否有战争对方的必胜意志。我们观察历史，往往会发现各种以弱胜强的案例，其胜负的原因与双方的斗争意志有着密切的关系。我国历史上"背水一战""草木皆兵"两个典故就反映了斗争意志在斗争胜负中的巨大作用。前者是楚汉相争时，韩信带领汉军退到河边，退无可退，士兵反而奋勇杀敌以求一线生机，取得了胜利；后者是前秦苻坚看到晋军布阵齐整，山上草木皆类人形，心生恐惧，丧失了必胜的意志，最终导致惨败。在我们党斗争的历史上，多次以较弱的力量与强大的敌人进行斗争，而最后能取得胜利，一个重要的原因就在于我们党有建立在对斗争形势正确分析基础上的必胜意志。在推进中国式现代化的道路上，如果我们缺乏对形势的全面、深刻、长远的认知，看到了前进过程中的一些困难和挑战，看到了一些强国对我国的限制打压，就产生了动摇，丧失与之斗争的意志，那我们就必然要走向失败了。我们要坚定斗争意志，不屈不挠、一往无前，决不能碰到一点挫折就畏缩不前，一遇到困难就打退堂鼓。只有这样，在顽强的斗争意志的支撑下，我们才能不被任何严重的困难和强大的敌人压倒，不断战胜中国式现代化过程中的各种风险和挑战。

第五章

中国式现代化的目标任务

党的二十大报告指出:"中国式现代化的本质要求是:坚持中国共产党领导,坚持中国特色社会主义,实现高质量发展,发展全过程人民民主,丰富人民精神世界,实现全体人民共同富裕,促进人与自然和谐共生,推动构建人类命运共同体,创造人类文明新形态。全面建成社会主义现代化强国,总的战略安排是分两步走:从二〇二〇年到二〇三五年基本实现社会主义现代化;从二〇三五年到本世纪中叶把我国建成富强民主文明和谐美丽的社会主义现代化强国。"当前,中国共产党领导全国各族人民已经完成了第一个百年奋斗目标,即全面建成小康社会,实现了中华民族的千年梦想。关于下一步的目标任务,党的二十大报告明确指出,"从现在起,中国共产党的中心任务就是团结带领全国各族人民全面建成社会主义现代化强国、实现第二个百年奋斗目标,以中国式现代化全面推进中华民族伟大复兴。"为了完成这个伟大的中心任务,党中央制定了

中国式现代化面面观

"两步走"战略:"从二〇二〇年到二〇三五年基本实现社会主义现代化;从二〇三五年到本世纪中叶把我国建成富强民主文明和谐美丽的社会主义现代化强国。"①在全面建设社会主义现代化强国的征程中,我们还要把握中华文明的源与流,坚持推进中华优秀传统文化的创造性转化和创新性发展,坚持弘扬革命文化,坚持吸收外来先进文化成果,坚持发展社会主义先进文化,创造中华民族现代文明。中国的发展离不开世界,世界的发展需要中国。中国式现代化的历史意义不仅在于中华民族自身的繁荣与发展,而且在于打破了以资本为中心的"西式"现代化的垄断,创造了人类文明新形态,为诸多发展中国家现代化提供中国方案。在与世界各国共同推进现代化的历程中,中国将始终坚持维护世界和平、促进共同发展的宗旨,展现负责任大国担当,积极参与全球治理体系改革和建设,继续推进"一带一路"建设,推动构建人类命运共同体。

第一节 实现第二个百年奋斗目标

实现中华民族伟大复兴是全体中华儿女的共同心愿,实现这个伟大目标不会一蹴而就。经过几代人的接续奋斗,党带领全国人民终于完成了第一个百年奋斗目标——全面建成小康社会。在新的历

---

① 习近平:《高举中国特色社会主义伟大旗帜 为全面建设社会主义现代化国家而团结奋斗》(2022年10月16日),《人民日报》2022年10月26日。

史起点上，党继续团结带领全国各族人民朝着第二个百年奋斗目标奋勇向前，以中国式现代化全面推进中华民族伟大复兴。在党中央作出了"两步走"的战略安排的基础上，党和国家制定的《中华人民共和国国民经济和社会发展第十四个五年规划和2035年远景目标纲要》，是推进中国式现代化的重要工作规划，必须全面把握、认真贯彻。

一、实现中华民族伟大复兴是全体中华儿女的共同心愿

近代以来，中华民族遭遇了前所未有的民族危机。因无法抵御西方列强的侵略，中国沦为半殖民地半封建社会。面对民族危亡的困境，无数仁人志士前仆后继，探索中华民族的现代化之路。经过180多年的奋斗，尤其是经过中华人民共和国成立以来70多年的接续奋斗，中华民族终于找到了独立自主的现代化之路，步入伟大复兴的历史进程。我们今天取得的成就离不开一代代中华儿女的共同努力，同时，实现中华民族伟大复兴的中国梦也是全体中华儿女的共同心愿。

在中华民族现代化探索阶段，进步人士、开明地主阶级和资产阶级为中华民族伟大复兴支付了试错成本。在中华民族遭遇前所未有的民族危机之际，进步人士和开明地主阶级尝试通过以军事工业为主体的洋务运动推进中华民族的现代化。经过30多年的努力，洋务运动的成果最终毁于中日甲午海战。其后，具有资产阶级性质的改良派登上历史舞台。改良派尝试学习西方资产阶级政治制度，通过自上而下的改良运动推进中华民族的现代化，但遭到顽固派势

中国式现代化面面观

力的反扑,最终以失败而告终。辛亥革命结束了我国长达两千多年的封建帝制,建立了资产阶级的共和政府。但由于其革命的不彻底性,软弱的资产阶级政府无法担负起民族复兴的大任,最终走进了历史长河的画卷之中。虽然这些人始终无法抛却自身的阶级局限性,或者无法抛却阶级属性而与广大人民群众融合为命运共同体,但我们应该相信,他们作为曾经在中华民族历史舞台上的社会资源支配者,除却维护自身利益或自身所属的阶级利益之外,主观上也曾希望实现中华民族的伟大复兴。在中华民族日益走近世界舞台中央、民族复兴大业不可扭转之时,我们从民族主体的视角和更加包容的心态来看,进步人士、开明地主阶级和资产阶级虽然未能带领中华民族实现民族复兴大业,或者说未能担当起应有的历史责任,但也为中华民族伟大复兴支付了试错成本。

中国共产党凝聚起全体中华儿女的磅礴力量,建立中华人民共和国,开辟中国式现代化道路,以中国式现代化全面推进中华民族伟大复兴。习近平总书记指出:"江山就是人民、人民就是江山,打江山、守江山,守的是人民的心。中国共产党根基在人民、血脉在人民、力量在人民。中国共产党始终代表最广大人民根本利益,与人民休戚与共、生死相依,没有任何自己特殊的利益,从来不代表任何利益集团、任何权势团体、任何特权阶层的利益。"[①]中国共产党始终把人民利益摆在首位,与人民融为命运共同体,凝聚起中华民族的磅礴力量,进行开天辟地的救国大业、改天换地的兴国大

---

① 习近平:《在庆祝中国共产党成立100周年大会上的讲话》(2021年7月1日),《人民日报》2021年7月2日。

业、翻天覆地的强国大业，在中华民族伟大复兴的征程中无往而不胜。每一位中华儿女都是历史的创造者、也是历史的见证者，既是历史的"剧中人"、也是历史的"剧作者"。中华民族伟大复兴既是我们每一位中华儿女的共同愿望，也是每一位中华儿女的历史责任，我们应当积极参与到民族复兴的大业中，毫无保留地贡献自己的智慧和力量。

海外华侨是推进中华民族伟大复兴的重要力量。历史的经验表明，无论是中华民族现代化探索阶段，还是中国式现代化阶段，海外华侨都是中华民族伟大复兴的重要力量。早在1894年，孙中山先生就在海外中华侨传播革命思想，创建了中国第一个民主革命团体兴中会。在其后的国民革命阶段，海外华侨多次为革命团体筹集资金，贡献力量。在社会主义革命和建设时期，许多海外华裔科学家突破重重阻碍，历经艰险回国效力，为我国的民族复兴大业尤其是"两弹一星"事业做出了极大贡献。在改革开放和社会主义现代化建设时期，中外的经济、文化和科技等领域的交流日益普遍，许多华裔企业家、思想家和科学家等为祖国的改革开放事业倾注了大量心血，为中华民族伟大复兴注入了极大的动力。进入新时代，我国实现了从富起来到强起来的伟大飞跃，中华民族伟大复兴进入了不可逆转的历史进程，海外中华儿女是推进中华民族伟大复兴不可或缺的力量。中华民族自身的强大也是海外中华儿女最大的政治依靠，也门撤侨、亚丁湾护航等行动一再证明强大的祖国是侨民的坚实后盾。因此，中华民族伟大复兴也是海外中华儿女的共同心愿。

二、全面建成社会主义现代化强国的战略安排

党的二十大报告对全面建成社会主义现代化强国作出"两步走"总的战略安排,明确了 2035 年基本实现社会主义现代化的总体目标,擘画了第二个百年奋斗目标的美好图景,赋予社会主义现代化强国新的丰富内涵,具有重大而深远的意义。2021 年 3 月,第十三届全国人民代表大会第四次会议通过了《中华人民共和国国民经济和社会发展第十四个五年规划和 2035 年远景目标纲要》(以下简称"《纲要》")。《纲要》阐明了国家战略意图,明确了政府工作重点,注重引导规范市场主体行为,是我国开启全面建设社会主义现代化国家新征程的宏伟蓝图,是全国各族人民共同的行动纲领。我们要深入学习贯彻党的二十大精神,准确把握全面建成社会主义现代化强国的总的战略安排,锚定 2035 年基本实现社会主义现代化的总体目标,认真贯彻落实《纲要》要求,全面深入推进中国式现代化。

首先,《纲要》开启了全面建设社会主义现代化国家新征程的宏伟蓝图,是全国各族人民共同的行动纲领。

在以习近平同志为核心的党中央坚强领导下,全党全国各族人民砥砺前行、开拓创新,"十三五"规划目标任务胜利完成,全面建成小康社会取得伟大历史性成就,决战脱贫攻坚取得全面胜利,中华民族伟大复兴向前迈出了新的一大步,社会主义中国以更加雄伟的身姿屹立于世界东方。"十四五"时期是我国全面建成小康社会、实现第一个百年奋斗目标之后,乘势而上开启全面建设社会主义现

第五章 中国式现代化的目标任务

代化国家新征程、向第二个百年奋斗目标进军的第一个五年。在党的领导下,发挥好中国特色社会主义制度优势,科学编制实施"十四五"规划和2035年远景目标纲要,对于巩固拓展全面建成小康社会和脱贫攻坚成果,开启全面建设社会主义现代化国家新征程具有重大意义。党的十九届五中全会审议通过《中共中央关于制定国民经济和社会发展第十四个五年规划和二〇三五年远景目标的建议》(以下简称"《建议》"),为编制规划纲要指明了方向、提供了遵循。按照党中央、国务院决策部署,国家发展改革委具体组织编制了《中华人民共和国国民经济和社会发展第十四个五年规划和2035年远景目标纲要(草案)》,已经由十三届全国人大四次会议审查通过。"十四五"期间,必须准确把握新发展阶段,深入贯彻新发展理念,加快构建新发展格局,切实把《纲要》落到实处。

《纲要》阐明了国家战略意图,明确了政府工作重点,注重引导规范市场主体行为,是我国开启全面建设社会主义现代化国家新征程的宏伟蓝图,是全国各族人民共同的行动纲领。全面贯彻落实《纲要》,一要加强党中央集中统一领导,健全统一规划体系,完善规划实施机制。二要坚持创新驱动发展,全面塑造发展新优势。强化国家战略科技力量,提升企业技术创新能力,激发人才创新活力,完善科技创新体制机制。加快发展现代产业体系,巩固壮大实体经济根基。深入实施制造强国战略,发展壮大战略性新兴产业,促进服务业繁荣发展,建设现代化基础设施体系。构建新发展格局,形成强大国内市场。畅通国内大循环,促进国内国际双循环,加快培育完整内需体系。加快数字化发展,建设数字中国。打造数字经济新优势,加快数字社会建设步伐,提高数字政府建设水平，营造良好数字生态。三要全面深化改革，构建高水平社会主义市场经济体制。激发各类市场主体活力，建设高标准市场体系，建立现代财税金融体制，提升政府经济治理能力。坚持农业农村优先发展，全面推进乡村振兴。提高农业质量效益和竞争力，实施乡村建设行动，健全城乡融合发展体制机制，实现巩固拓展脱贫攻坚成果同乡村振兴有效衔接。完善新型城镇化战略，提升城镇化发展质量。加快农业转移人口市民化，完善城镇化空间布局，全面提升城市品质。优化区域经济布局，促进区域协调发展。优化国土空间开发保护格局，深入实施区域重大战略，深入实施区域协调发展战略，积极拓展海洋经济发展空间。四要实行高水平对外开放，开拓合作共赢新局面。建设更高水平开放型经济新体制，推动共建"一带一路"高质量发展，积极参与全球治理体系改革和建设。五要加强社会主义民主法治建设，健全党和国家监督制度。发展社会主义民主，全面推进依法治国，完善党和国家监督体系。六要发展社会主义先进文化，提升国家文化软实力。提高社会文明程度，提升公共文化服务水平，健全现代文化产业体系。七要提升国民素质，促进人的全面发展。建设高质量教育体系，全面推进健康中国建设，实施积极应对人口老龄化国家战略。增进民生福祉，提升共建共治共享水平。健全国家公共服务制度体系，实施就业优先战略，优化收入分配结构，健全多层次社会保障体系，保障妇女未成年人和残疾人基本权益，构建基层社会治理新格局。八要推动绿色发展，促进人与自然和谐共生。提升生态系统质量和稳定性，持续改善环境质量，加快发展方式绿色转型。九要统筹发展和安全，建设更高水平的平安中国。加强国家安全体系和能力建设，强化国家经济安全保障,全面提高公共安全保障能力,维护社会稳定和安全。加快国防和军队现代化,实现富国和强军相统一。提高国防和军队现代化质量效益,促进国防实力和经济实力同步提升。十要坚持"一国两制",推进祖国统一。保持香港、澳门长期繁荣稳定,推进两岸关系和平发展和祖国统一。

"十四五"期间经济社会发展主要目标主要有以下几个方面:一是经济发展取得新成效。发展是解决我国一切问题的基础和关键,发展必须坚持新发展理念,在质量效益明显提升的基础上实现经济持续健康发展,增长潜力充分发挥,GDP年均增长保持在合理区间、各年度视情提出,全员劳动生产率增长高于GDP增长,国内市场更加强大,经济结构更加优化,创新能力显著提升,全社会研发经费投入年均增长7%以上、力争投入强度高于"十三五"时期实际,产业基础高级化、产业链现代化水平明显提高,农业基础更加稳固,城乡区域发展协调性明显增强,常住人口城镇化率提高到65%,现代化经济体系建设取得重大进展。二是改革开放迈出新步伐。社会主义市场经济体制更加完善,高标准市场体系基本建成,市场主体更加充满活力,产权制度改革和要素市场化配置改革取得重大进展,公平竞争制度更加健全,更高水平开放型经济新体制基本形成。三是社会文明程度得到新提高。社会主义核心价值观深入人心,人民思想道德素质、科学文化素质和身心健康素质明显提高,公共文化服务体系和文化产业体系更加健全,人民精神文化生活日益丰富,中华文化影响力进一步提升,中华民族凝聚力进一步增强。四是生态文明建设实现新进步。国土空间开发保护格局得到优化,生产生活方式绿色转型成效显著,能源资源配置更加合理、利用效率大幅提高,单位 GDP 能源消耗和二氧化碳排放分别降低 13.5%、18%,主要污染物排放总量持续减少,森林覆盖率提高到 24.1%,生态环境持续改善,生态安全屏障更加牢固,城乡人居环境明显改善。五是民生福祉达到新水平。实现更加充分更高质量就业,城镇调查失业率控制在 5.5% 以内,居民人均可支配收入增长与 GDP 增长基本同步,分配结构明显改善,基本公共服务均等化水平明显提高,全民受教育程度不断提升,劳动年龄人口平均受教育年限提高到 11.3 年,多层次社会保障体系更加健全,基本养老保险参保率提高到 95%,卫生健康体系更加完善,人均预期寿命提高 1 岁,脱贫攻坚成果巩固拓展,乡村振兴战略全面推进,全体人民共同富裕迈出坚实步伐。六是国家治理效能得到新提升。社会主义民主法治更加健全,社会公平正义进一步彰显,国家行政体系更加完善,政府作用更好发挥,行政效率和公信力显著提升,社会治理特别是基层治理水平明显提高,防范化解重大风险体制机制不断健全,突发公共事件应急处置能力显著增强,自然灾害防御水平明显提升,发展安全保障更加有力,国防和军队现代化迈出重大步伐。

其次,党的二十大为我们擘画了全面建成社会主义现代化强国的总的战略安排,确立了 2035 年基本实现社会主义现代化的总体目标。

党的二十大报告指出:"全面建成社会主义现代化强国,总的战略安排是分两步走:从二〇二〇年到二〇三五年基本实现社会主义现代化;从二〇三五年到本世纪中叶把我国建成富强民主文明和谐美丽的社会主义现代化强国。"报告同时明确:"到二〇三五年,我国发展的总体目标是:经济实力、科技实力、综合国力大幅跃升,人均国内生产总值迈上新的大台阶，达到中等发达国家水平；实现高水平科技自立自强，进入创新型国家前列；建成现代化经济体系，形成新发展格局，基本实现新型工业化、信息化、城镇化、农业现代化；基本实现国家治理体系和治理能力现代化，全过程人民民主制度更加健全，基本建成法治国家、法治政府、法治社会；建成教育强国、科技强国、人才强国、文化强国、体育强国、健康中国，国家文化软实力显著增强；人民生活更加幸福美好，居民人均可支配收入再上新台阶，中等收入群体比重明显提高，基本公共服务实现均等化，农村基本具备现代生活条件，社会保持长期稳定，人的全面发展、全体人民共同富裕取得更为明显的实质性进展；广泛形成绿色生产生活方式，碳排放达峰后稳中有降，生态环境根本好转，美丽中国目标基本实现；国家安全体系和能力全面加强，基本实现国防和军队现代化。"报告指出："在基本实现现代化的基础上，我们要继续奋斗，到本世纪中叶，把我国建设成为综合国力和国际影响力领先的社会主义现代化强国。"我们要认真落实党的二十大精神，坚持以中国式现代化推进中华民族伟大复兴，准确把握全面建成社会主义现代化强国的总的战略安排，锚定2035年基本实现社会主义现代化的总体目标，勇立时代潮流，踏石留印，抓铁有痕，奋力开启全面建设社会主义现代化国家新征程。

三、做好应对各种风险挑战的准备

全面建设社会主义现代化国家，是一项伟大而艰巨的事业，前途光明，任重道远。当今世界正经历百年未有之大变局，新一轮科技革命和产业变革深入发展,国际力量对比深刻调整,和平与发展仍然是时代主题,人类命运共同体理念深入人心,我国发展面临新的战略机遇。 同时,国际环境日趋复杂,不稳定性不确定性明显增加。 世界经济陷入低迷期,经济全球化遭遇逆流,逆全球化思潮抬头,单边主义、保护主义明显上升,全球能源供需版图深刻变革,世界经济复苏乏力。 国际经济政治格局复杂多变,局部冲突和动荡频发,全球性问题加剧,世界进入新的动荡变革期,对世界和平与发展构成威胁。 我们必须增强忧患意识,坚持底线思维,做到居安思危、未雨绸缪,准备经受风高浪急甚至惊涛骇浪的重大考验。

我国已转向高质量发展阶段,制度优势显著,治理效能提升,经济长期向好,物质基础雄厚,人力资源丰富,市场空间广阔,发展韧性强劲,社会大局稳定,继续发展具有多方面优势和条件。 同时,我国改革发展稳定面临不少深层次矛盾躲不开、绕不过,党的建设特别是党风廉政建设和反腐败斗争面临不少顽固性、多发性问题,来自外部的打压遏制随时可能升级。 我国发展进入战略机遇和风险挑战并存、不确定难预料因素增多的时期,各种"黑天鹅""灰犀牛"事件随时可能发生。 我国发展不平衡不充分问题仍然突出,重点领域关键环节改革任务仍然艰巨,创新能力不适应高质量发展要求,农业基础还不稳固,城乡区域发展和收入分配差距较大,生态环保任重道远,民生保障存在短板,社会治理还有弱项。

我们要统筹中华民族伟大复兴战略全局和世界百年未有之大变局,深刻认识我国社会主要矛盾变化带来的新特征新要求,深刻认识错综复杂的国际环境带来的新矛盾新挑战,增强机遇意识和风险意识,立足社会主义初级阶段基本国情,保持战略定力,办好自己的事,认识和把握发展规律,发扬斗争精神,增强斗争本领,树立底线思维,准确识变、科学应变、主动求变,善于在危机中育先机、于变局中开新局,抓住机遇,应对挑战,趋利避害,奋勇前进。

第二节 建设中华民族现代文明

建设中华民族现代文明,是推进中国式现代化的必然要求,是社会主义精神文明建设的重要内容。党的十八大以来,以习近平同志为核心的党中央把文化建设摆在现代化建设的突出位置,不断深化对文化建设的规律性认识,推动文化传承发展,社会主义文化强国建设迈出坚实步伐。

一、新时代的文化使命

建设中华民族现代文明是新时代的文化使命。2023年6月2日,习近平总书记在文化传承发展座谈会指出,"在新的起点上继续推动文化繁荣、建设文化强国、建设中华民族现代文明,是我们在新时代新的文化使命。要坚定文化自信、担当使命、奋发有为,共同努力创造属于我们这个时代的新文化,建设中华民族现代文明。"

建设中华民族现代文明,是推进中国式现代化的必然要求。中国式现代化遵循整体性文明逻辑,遵循"并联式"现代性逻辑,构建了蕴含物质文明、政治文明、精神文明、社会文明和生态文明等五

中国式现代化面面观

大文明的人类文明新形态。正如习近平总书记所说的:"我国现代化同西方发达国家有很大不同。西方发达国家是一个'串联式'的发展过程……发展到目前水平用了二百多年时间。我们要后来居上,把'失去的二百年'找回来,决定了我国发展必然是一个'并联式'的过程"①。中国式现代化的"并联式"特征要求加强精神文明建设,精神文明建设的中心任务是建设中华民族现代文明。我们要深刻认识到,每一种文明都延续着一个国家和民族的精神血脉,既需要薪火相传、代代守护,更需要与时俱进、勇于创新。中华民族曾经创造了人类历史光辉灿烂的篇章,只是在农业文明向工业文明转变的起步阶段滞后了。相对于悠久的华夏历史,这只是一个短暂的小插曲。当下,站在新的历史起点上,走在中华民族伟大复兴的征程中,我们将遵循人类社会发展规律,创造属于我们这个时代的新文化,创造中华民族现代文明。建设中华民族现代文明要推动中华文明创造性转化和创新性发展,激活其生命力,把跨越时空、超越国度、富有永恒魅力、具有当代价值的文化精神弘扬起来,让收藏在博物馆里的文物、陈列在广阔大地上的遗产、书写在古籍里的文字都活起来,让中华文明同世界各国人民创造的丰富多彩的文明一道,为人类提供正确的精神指引和强大的精神动力。

建设中华民族现代文明,是社会主义精神文明建设的重要内容。中国式现代化是物质文明和精神文明相协调的现代化。实现中国梦,是物质文明和精神文明均衡发展、相互促进的结果。没有文明的继承和发展,没有文化的弘扬和繁荣,就没有中国梦的实

---

① 《习近平关于社会主义经济建设论述摘编》,中央文献出版社2017年版,第159页。

现。中华民族的先人们早就向往物质生活充实无忧、道德境界充分升华的大同世界。中华文明历来把人的精神生活纳入人生和社会理想之中。所以，实现中国梦，是物质文明和精神文明齐头并进的发展过程。随着中国经济社会不断发展，中华文明也必将顺应时代发展潮流焕发出更加蓬勃的生命力。建设中华民族现代文明一方面离不开中华优秀传统文化的创造性转化和创新性发展，另一方面也离不开时代精神、时代主题和时代任务，因为文明既包含历史的积淀，又包含时代的记述，而且只有经过时代的记述，才能转变为历史的积淀。同时，缺乏时代精神、时代主题和时代任务的文化是缺乏现代属性的文化，不符合建设中华民族现代文明的内在要求。

文化兴国运兴，文化强民族强。在全面建设社会主义文化强国的征程中，我们要坚持将马克思主义基本原理与中华优秀传统文化相结合，推动中华优秀传统文化的创造性转化和创新性发展，坚持弘扬革命文化，坚持吸收外来先进文化成果，坚持发展社会主义先进文化，深刻把握中华文明的五大特性，建设中华民族现代文明。

二、把握中华文明五大特性

中华民族是世界上伟大的民族，有着5000多年源远流长的文明历史，为人类社会发展和文明进步作出了不可磨灭的贡献。自近代以来，经过100余年的接续奋斗，中国共产党和中国人民向世界庄严宣告，中华民族告别了落后挨打的被动局面，告别了一穷二白的落后面貌，迎来了从站起来、富起来到强起来的伟大飞跃，实现中华民族伟大复兴进入了不可逆转的历史进程。在新的历史起点上，

中国式现代化面面观

我们要接续辉煌，以中国式现代化推进中华民族伟大复兴，建设中华民族现代文明。建设中华民族现代文明的首要任务，就是深入分析中华优秀传统文化的重要元素，深刻把握中华文明的五大特性。中华优秀传统文化是中华民族现代文化的根，如果不通过源远流长的中华优秀传统文化来认识中国，就不可能理解古代中国，也不可能理解现代中国，就无法建设中华民族现代文明。

首先，中华文明具有突出的连续性。习近平总书记指出，中华文明具有突出的连续性，从根本上决定了中华民族必然走自己的路。[①] 中华民族有着5000多年的悠久历史，在漫长的历史进程中，主体民族从未断代，文化传承与发展从未断更。炎黄子孙是中华儿女共同的身份标识，无论是奋斗在祖国大地上的同胞，还是拼搏在祖国之外的海外侨胞，都承认并珍惜炎黄子孙这个共同的身份标识。在漫长的历史长河中，曾经有很多优秀的古老民族创造了辉煌灿烂的古老文化。生活在尼罗河流域的古埃及人创造了辉煌灿烂的古埃及文明（约公元前5450年至公元639年），生活在幼发拉底河与底格里斯河共同浇灌的美索不达米亚平原上的苏美尔人、阿卡德人和阿摩利人先后创造了辉煌的美索不达米亚文明，其中最著名的是古巴比伦文明（约公元前3500年至公元前729年），由恒河滋养的古印度人创造的古印度文明也曾是人类文明史上的"高光时刻"。可惜的是，这些古老民族及其所创造的古老文明都相继衰落了，只有中华民族在跌宕起伏的历史长河中，一直保持着旺盛的生命力，

[①]《习近平在文化传承发展座谈会上强调 担负起新的文化使命 努力建设中华民族现代文明》，《人民日报》2023年6月3日。

主体民族从未断代，文化传承与发展从未断更。另外，正因为中华民族一直走自己的路，才塑造了中华文明的连续性。我们可以说，中华文明的连续性与中华民族独立自主的道路是充要条件。这对于以中国式现代化推进中华民族伟大复兴，建设中华民族现代文明有高度的指导意义。

其次，中华文明具有突出的创新性。习近平总书记指出，中华文明具有突出的创新性，从根本上决定了中华民族守正不守旧、尊古不复古的进取精神，决定了中华民族不惧新挑战、勇于接受新事物的无畏品格。[①] 前文所述中华文明的连续性离不开中华文明的创新性。从炎帝黄帝时期的原始社会到夏商周时期的奴隶社会，再到秦汉以降的郡县制封建社会，我们可以看到在农业文明发祥、发展的各个阶段，无论是物质生产方面还是精神生产方面，我们的祖先都保持了高度的创新意识，创造了辉煌灿烂的古代文明，如火药、指南针、造纸术、印刷术等发明都为人类社会发展作出了不可磨灭的贡献。倘若缺乏这种创新意识，中华民族可能就会被历史淘汰，如上文所说的那些古老文明一样，走进人类文明史的博物馆，无法继续绽放华彩。在以中国式现代化推进中华民族伟大复兴的进程中，我们要充分发挥中华文明的创新性，立足本来，吸收外来，创造未来。唯有如此，我们才能在制度竞争的惊涛骇浪中、风云诡谲的国际斗争中独占鳌头，立于不败之地。

再次，中华文明具有突出的统一性。习近平总书记指出，中华

---

① 《习近平在文化传承发展座谈会上强调 担负起新的文化使命 努力建设中华民族现代文明》，《人民日报》2023年6月3日。

中国式现代化面面观

文明具有突出的统一性,从根本上决定了中华民族各民族文化融为一体、即使遭遇重大挫折也牢固凝聚,决定了国土不可分、国家不可乱、民族不可散、文明不可断的共同信念,决定了国家统一永远是中国核心利益的核心,决定了一个坚强统一的国家是各族人民的命运所系。① 纵观人类历史,中华民族长达 2000 多年基本保持如此大的疆域和如此多民族融合的大一统局面是绝无仅有的。 当然我们这里所讲的大一统局面指的是自秦汉以降中华民族历史的主流主线,不否认曾经有南北分裂、地方割据的历史事实。 我们从他者视角来看欧洲历史,他们也曾出现过大一统的帝国或者王朝,但一般维持大一统局面的时间都比较短暂。 欧洲著名的查理大帝缔造了盛极一时的查理曼帝国,但在查理大帝的继任者去世后,帝国就分崩离析了。 奥斯曼土耳其帝国、奥匈帝国也曾经有几百年的辉煌历史,但都无一例外地分崩离析了,形成了诸多相对较小的民族国家。 中华民族的统一性除了疆域相对稳定之外,还有官方文字的统一性。

第四,中华文明具有突出的包容性。 习近平总书记指出,中华文明具有突出的包容性,从根本上决定了中华民族交往交流交融的历史取向,决定了中国各宗教信仰多元并存的和谐格局,决定了中华文化对世界文明兼收并蓄的开放胸怀。② 中华民族延绵 5000 多年,赓续不断,民族文化的包容性发挥了极为重要的作用。 中外交

---

① 《习近平在文化传承发展座谈会上强调 担负起新的文化使命 努力建设中华民族现代文明》,《人民日报》2023 年 6 月 3 日。

② 《习近平在文化传承发展座谈会上强调 担负起新的文化使命 努力建设中华民族现代文明》,《人民日报》2023 年 6 月 3 日。

第五章 中国式现代化的目标任务

往的历史彰显了中华文明的包容性。雄才大略的汉武帝派遣张骞使团出使西域,开始打通东方通往西方的道路,完成了"凿空之旅"。张骞的出使传播了中华文明,对开辟从中国通往西域的丝绸之路做出卓越贡献。丝绸之路的开辟,加速了中外文化的交流与融合,缔造了万邦来朝的盛世华章。到了盛唐时期,古都长安成为当时世界上最发达的城市,来自世界各地的商人、文人、僧侣等都在此安居乐业。民族融合凸显了中华文明的包容性。早在春秋战国时期,赵武灵王推行胡服骑射,就已经开始了农耕民族与游牧民族的融合发展。唐太宗李世民更是被北方游牧民族称为"天可汗",表明当时的民族融合发展已经达到相当高的水平。各种宗教信仰和平并存的格局从另一个侧面彰显了中华文明的包容性。从世界史来看,人类历史上爆发过多次旷日持久的宗教战争,尤以罗马天主教教皇发动的"十字军东征"最为典型。与此相反,各种宗教传入中国之后,都能够在保持自身相对独立性的前提下和平发展,从而形成了各种宗教多元并存的和谐格局。

最后,中华文明具有突出的和平性。习近平总书记指出,中华文明具有突出的和平性,从根本上决定了中国始终是世界和平的建设者、全球发展的贡献者、国际秩序的维护者,决定了中国不断追求文明交流互鉴而不搞文化霸权,决定了中国不会把自己的价值观念与政治体制强加于人,决定了中国坚持合作、不搞对抗,决不搞"党同伐异"的小圈子。[①] 中华优秀传统文化中协和万邦的思想充

---

① 《习近平在文化传承发展座谈会上强调 担负起新的文化使命 努力建设中华民族现代文明》,《人民日报》2023年6月3日。

> 中国式现代化面面观

分体现了中华文明的和平性。中国自古就是世界上人口最多的地区之一。原始社会末期，人们都以氏族或部落为单位进行社会生产，共同生活。我国原始社会的鼎盛时期是尧舜时代。鉴于当时"天下万邦"的社会现实，尧提出一个理念："克明俊德，以亲九族；九族既睦，平章百姓；百姓昭明，协和万邦。"[①]就是主张由家族和谐，扩展到社会和谐，推广为不同邦国的和谐。协和万邦由此成为中华文明的基因。中国的陆上丝绸之路和海上丝绸之路体现了中华文明的和平性。自汉代开辟陆上丝绸之路，中华民族在对外交往中始终保持和平交往的理念，同时也实施积极的防御政策。繁盛于隋唐时期的海上丝绸之路，我们的先民也是通过平等的贸易活动与海外民族进行和平交往，而不是利用自身的生产优势或者武器优势攻城略地。明代郑和七下西洋，扩大中外交往，推广中华文明，彰显了中华文明的和平性。反观大航海时代之后的西方列强，将美洲、澳洲的原住民几乎屠戮殆尽，罪恶的"三角贸易"使非洲大陆损失了将近1亿人口。

牢牢把握中华文明的五大特性是建设中华民族现代文明的先决条件。与此同时，我们还要继承中华文明守正不守旧、尊古不复古的进取精神，发扬不惧新挑战、勇于接受新事物的无畏品格，弘扬民族文化的包容性与和平性，将马克思主义基本原理与中华优秀传统文化相结合，创造属于我们这个时代的先进文明，即中华民族现代文明。

---

① 见《尚书·虞书·尧典》。

三、"第二个结合"是建设中华民族现代文明的必由之路

把马克思主义基本原理同中国具体实际、同中华优秀传统文化相结合是坚持和发展中国特色社会主义的必由之路,也是建设中华民族现代文明的必由之路。这是中国共产党在探索中国特色社会主义道路和建设社会主义先进文化中得出的规律性的认识,是中华民族取得成功的最大法宝。在中国革命、建设和改革的伟大历程中,中国共产党人创造性地把马克思主义基本原理与中国具体实际相结合,取得了新民主主义革命、社会主义革命和建设、改革开放的伟大实践成就。新时代,在5000多年中华文明深厚基础上建设中华民族现代文明,要以中国式现代化的伟大实践为基础,更要注重将马克思主义基本原理同中华优秀传统文化相结合。

马克思主义与中华优秀传统文化彼此契合是"第二个结合"的前提。马克思主义和中华优秀传统文化来源不同,但彼此存在高度的契合性。相互契合才能有机结合。马克思主义的人民性与中华文明的民本思想高度契合。人民性是马克思主义的本质属性。中国共产党领导中国人民革命、建设和改革的历史雄辩地证明了马克思主义的人民性。中国共产党人始终代表最广大人民的利益,发展最广大人民的利益,维护最广大人民的利益,这是对马克思主义人民性最好的实践阐释。在中华文明中蕴含丰富的民本思想,如《尚书·五子歌》中的"民惟邦本,本固邦宁"、孟子提倡的"民为贵,社稷次之,君为轻",把"民"之于国家的重要性表达了出来。又如老子曾说:"圣人无常心,以百姓心为心。"实际上就要求当政者把

中国式现代化面面观

百姓的心意当作自己的心意,而不能有自己的私心和意志。当然,我们也要看到传统文化中的民本思想有其自身的历史局限。正因为如此,我们要通过把马克思主义与中华优秀传统文化相结合,激活中华优秀传统文化的活力,推动中华优秀传统文化创造性转化和创新性发展。

马克思主义与中华优秀传统文化相结合的结果是相互成就。习近平总书记2023年6月2日在文化传承发展座谈会上强调,"结合"的结果是互相成就,造就了一个有机统一的新的文化生命体,让马克思主义成为中国的,中华优秀传统文化成为现代的,让经由"结合"而形成的新文化成为中国式现代化的文化形态。[①] 马克思主义揭露了资本主义社会的内在矛盾,指出了替代资本主义的社会形态是社会主义。马克思主义与中华优秀传统文化相结合产生了能够驾驭资本、利用资本,超越资本逻辑的新型现代文明。马克思主义指导中国共产党改变了旧中国落后挨打的被动局面,改变了中国一穷二白的落后状况,使中华民族站起来、富起来、强起来,重塑了中华民族的精神面貌。马克思主义与中华优秀传统文化相结合是又一次思想解放,激活了中华文明的创新性,创造了人类文明新形态。总而言之,我们要建设的中华民族现代文明是中国式现代化的文化形态。

马克思主义与中华优秀传统文化相结合筑牢了中国特色社会主义道路的根基。习近平总书记指出,"结合"筑牢了道路根基,让中

[①] 《习近平在文化传承发展座谈会上强调 担负起新的文化使命 努力建设中华民族现代文明》,《人民日报》2023年6月3日。

国特色社会主义道路有了更加宏阔深远的历史纵深，拓展了中国特色社会主义道路的文化根基。中国式现代化赋予中华文明以现代力量，中华文明赋予中国式现代化以深厚底蕴。① 马克思主义揭示了人类社会发展规律，指明了未来社会发展方向，指导中国共产党始终能够拿着历史的望远镜，站在历史正确的一边，带领中国人民进行中国特色社会主义现代化建设，筑牢了中国特色社会主义道路的根基。马克思主义与中华优秀传统文化相结合，使中国共产党深化了对人类社会发展规律、社会主义建设规律、共产党执政规律的认识。在5000年深厚文化底蕴的加持下，中国共产党把马克思主义所揭示的人类社会发展普遍规律与中华民族发展特殊历程相结合，更加清晰地认识了人类社会发展中普遍、特殊与个别的相互关系，为中国式现代化赋予更深的文化根基。

马克思主义与中华优秀传统文化相结合打开了创新空间。习近平总书记指出，"结合"打开了创新空间，让我们掌握了思想和文化主动，并有力地作用于道路、理论和制度。② 马克思主义指明了生产力与生产关系、经济基础与上层建筑的辩证关系，为中华民族的跨越式发展提供了理论指导。中国共产党结合中华民族现代化探索阶段的得失与教训，以马克思主义激活了中华文明的创新性，史无前例地开展了轰轰烈烈的中国式现代化，完成了开天辟地的救国大业、改天换地的兴国大业、翻天覆地的富国大业，全力推进惊天动

---

① 《习近平在文化传承发展座谈会上强调 担负起新的文化使命 努力建设中华民族现代文明》，《人民日报》2023年6月3日。
② 《习近平在文化传承发展座谈会上强调 担负起新的文化使命 努力建设中华民族现代文明》，《人民日报》2023年6月3日。

> 中国式现代化面面观

地的强国大业，形成了中国特色社会主义道路、理论和制度，让古老的中华民族在世界舞台上重新绽放华彩。习近平总书记指出，"第二个结合"是又一次的思想解放，让我们能够在更广阔的文化空间中，充分运用中华优秀传统文化的宝贵资源，探索面向未来的理论和制度创新。①

马克思主义与中华优秀传统文化相结合巩固了中华文化主体性，创立习近平新时代中国特色社会主义思想就是这一文化主体性的最有力体现。党的十八大以来，以习近平同志为核心的党中央不断推进马克思主义中国化时代化，注重将马克思主义与中华优秀传统文化相结合，创立了习近平新时代中国特色社会主义思想，明确坚持和发展中国特色社会主义的基本方略，提出一系列治国理政新理念新思想新战略，坚持不懈用这一创新理论武装头脑、指导实践、推动工作，为新时代党和国家事业发展提供了根本遵循，巩固了中华文化的主体性。习近平总书记指出，"第二个结合"，是我们党对马克思主义中国化时代化历史经验的深刻总结，是对中华文明发展规律的深刻把握，表明我们党对中国道路、理论、制度的认识达到了新高度，表明我们党的历史自信、文化自信达到了新高度，表明我们党在传承中华优秀传统文化中推进文化创新的自觉性达到了新高度。②

马克思主义与中华优秀传统文化相互契合、相互成就，二者的

---

① 《习近平在文化传承发展座谈会上强调 担负起新的文化使命 努力建设中华民族现代文明》，《人民日报》2023年6月3日。

② 《习近平在文化传承发展座谈会上强调 担负起新的文化使命 努力建设中华民族现代文明》，《人民日报》2023年6月3日。

结合是又一次思想解放运动，筑牢了中国特色社会主义道路的根基，打开了创新空间，巩固了中华文化主体性，是建设中华民族现代文明的必由之路。

第三节　构建人类命运共同体

中国的发展离不开世界，世界的发展需要中国，构建人类命运共同体是中国式现代化的必然要求。和平与发展依然是当今世界的主题，但同时世界经济深度衰退，全球产业链、供应链遭受冲击，经济全球化遭遇逆流，加剧了世界经济中的风险和不确定性。全球范围的治理赤字、信任赤字、发展赤字、和平赤字不断扩大，单边主义、保护主义、霸凌行径不断上升，局部冲突频发，世界多极化发展遭受前所未有的危机。面对风云诡谲的国际形势，习近平总书记提出构建以合作共赢为核心的新型国际关系，打造人类命运共同体，为世界的和平、稳定与繁荣提供了中国方案和中国智慧。2017年1月18日，习近平总书记在联合国日内瓦总部演讲时提出"五个坚持"和"四个不会改变"。"五个坚持"是构建人类命运共同体的基本准则，"四个不会改变"是中国为构建人类命运共同体向世界做出的承诺。

一、构建人类命运共同体的五项基本准则

面对复杂多变的国际形势和严重的全球治理赤字，习近平总书

中国式现代化面面观

记提出了构建人类命运共同体的伟大倡议,并指出了构建人类命运共同体的五项基本准则,即坚持对话协商、坚持共建共享、坚持合作共赢、坚持交流互鉴、坚持绿色低碳,建设一个持久和平、普遍安全、共同繁荣、开放包容和清洁美丽的世界。①

首先,坚持对话协商,构建对话不对抗、结伴不结盟的伙伴关系,建设一个持久和平的世界。国家和,则世界安;国家斗,则世界乱。漫长的人类历史经历了大大小小的战争,尤其是大航海时代之后,资本主义开始兴起,西方列强发动了对落后地区的侵略战争,西方列强为了争夺海外殖民地相互之间爆发激烈的殖民地争夺战,其中以第一次世界大战和第二次世界大战最为典型。第一次世界大战中,约850万士兵和1300万平民死亡,约2100万人受伤,经济损失约为2700亿美元。第二次世界大战中,约3200万士兵和2300万平民死亡,约3500万人受伤,约4500万人被捕或被放逐,经济损失约为4万亿美元。第二次世界大战之后,由于意识形态之争,社会主义阵营与资本主义阵营之间进行了长达40余年的冷战。"前事不忘,后事之师。"面对世界百年未有之大变局,我们要从历史中吸取经验和教训,完善机制和手段,更好地化解纷争和矛盾、消弭战乱和冲突。在科学技术日新月异和国际市场高度融合的时代,国家之间的竞争不可避免,大国之间要尊重彼此核心利益和重大关切,有效管控矛盾分歧,努力构建不冲突不对抗、相互尊重、合作共赢的新型国际关系。另外,大国对小国要平等相待,不搞强买

---

① 《〈求是〉杂志发表习近平总书记重要文章〈共同构建人类命运共同体〉》,《人民日报》2021年1月2日。

第五章 中国式现代化的目标任务

强卖的霸凌行径,不搞唯我独尊的霸道行为。任何国家都不能随意发动战争,不能破坏国际法治。要秉持和平、主权、普惠、共治原则,把深海、极地、外空、互联网等领域打造成各方合作的新疆域,而不是相互博弈的竞技场。和平是发展的前提,中国的发展和世界的繁荣都离不开持久和平的国际环境。

其次,坚持共建共享,树立共同、综合、合作、可持续的安全观,建设一个普遍安全的世界。恐怖主义是人类的公敌。世上没有绝对安全的世外桃源,一国的安全不能建立在别国的动荡之上,他国的威胁也可能成为本国的挑战,邻国出了问题,不能光想着扎好自家篱笆,而应该去帮一把。历史的经验表明,第二次世界大战爆发前英、法、美等发达国家的绥靖政策助长了法西斯国家的野心,最终酿成了全人类的巨大灾难。当前,反恐是各国共同义务,既要治标,更要治本。要加强协调,建立全球反恐统一战线,为各国人民撑起安全伞。解决难民问题是全世界共同的责任。当前,难民数量已经创下第二次世界大战结束以来的历史纪录。联合国难民署、国际移民组织等要发挥统筹协调作用,动员全球力量有效应对。中国将继续提供人道援助,用于帮助难民和流离失所者。危机需要应对,根源值得深思。恐怖主义、难民危机等问题的根源都在于地缘冲突,要根除这些危机就首先需要化解冲突。化解冲突需要各方共同努力,当事方要保持克制,尽量通过协商谈判解决各方关切,其他各方国际力量应该积极劝和促谈,不能隔岸观火,更不能拱火,应该以联合国为斡旋主渠道,推动积极可行的和平方案解决危机。全球性的疑难传染病是人类的共同灾难,加强疫情监测、信息沟通、经验交流、技术分享等。

再次,坚持合作共赢,支持开放、透明、包容、非歧视性的多边贸易体制,建设一个共同繁荣的世界。和平是发展的前提,发展是和平的保障。要建设一个共同繁荣的世界,发展是第一要务。新一轮科技革命和产业变革方兴未艾,是世界各国的共同机遇。各国特别是主要经济体应该加强宏观政策协调,兼顾当前和长远,着力解决深层次问题,同舟共济,而不应以邻为壑。努力抓住新一轮科技革命和产业变革的历史性机遇,转变经济发展方式,坚持创新驱动,进一步发展社会生产力、释放社会创造力。维护世界贸易组织规则,支持开放、透明、包容、非歧视性的多边贸易机制,构建开放型世界经济,是全世界共同繁荣的必由之路。经济全球化是历史大势,世界各国应当顺势而为,促成贸易大繁荣、投资大便利、人员大流动、技术大发展。引导经济全球化健康发展,需要加强协调、完善治理,推动建设一个开放、包容、普惠、平衡、共赢的经济全球化,既要做大蛋糕,更要分好蛋糕,着力解决公平公正问题。如果搞贸易保护主义、画地为牢,其结果只能是损人不利己。建设一个共同繁荣的世界,要解决困扰"南方国家"的极端贫困问题。我国已经胜利完成人类历史上最大规模的脱贫攻坚战,历史性地解决了绝对贫困问题,为全球减贫事业作出了重大贡献。同时,我们还要看到极端贫困问题依然是困扰许多"南方国家"的顽疾。我们要在联合国主导下,借助经济全球化,继续实施千年发展目标和2030年可持续发展议程,为广大亚非拉国家的脱贫工作提供助力。

第四,坚持交流互鉴,秉承和而不同、兼收并蓄的理念,建设一个开放包容的世界。人类文明多样性赋予这个世界姹紫嫣红的色彩,多样带来交流,交流孕育融合,融合产生进步。从文明的起源来看，人们基于不同的自然资源禀赋，形成了不同的生产生活方式，随着时间的积累，形成了不同历史和国情，不同民族和习俗，孕育了不同文明。如今世界上有200多个国家和地区、2500多个民族、多种宗教。文明相处需要和而不同的精神，反对个别文明中心论，坚持文明平等观。只有在多样中相互尊重、彼此借鉴、和谐共存，这个世界才能丰富多彩、欣欣向荣。不同文明凝聚着不同民族的智慧和贡献，没有高低之别，更无优劣之分。反对"文明冲突论"和"历史终结论"，推动各种文明融通发展。美国著名学者亨廷顿曾提出"文明冲突论"，美籍日裔学者福山在苏联解体后提出"历史终结论"，在西方学界引起轩然大波，影响盛极一时。从本质上看，这两种论调都是"西方中心论"的衍生版本，对其他文明缺乏平等视角。文明差异不是也不应该成为世界冲突的根源，而应该成为人类文明进步的动力。历史不会终结，更不会终结于一种以资本增殖为核心的阶级社会形态。每种文明都有其独特魅力和深厚底蕴，都是人类的精神瑰宝，不同文明可以取长补短、共同进步。人类历史就是一幅不同文明相互交流、互鉴、融合的宏伟画卷。我们要尊重各种文明，平等相待，互学互鉴，兼收并蓄，推动人类文明实现创造性发展，让文明交流互鉴成为推动人类社会进步的动力、维护世界和平的纽带。

最后，坚持绿色低碳，牢固树立尊重自然、顺应自然、保护自然的意识，建设一个清洁美丽的世界。马克思指出："自然界，就它自身不是人的身体而言，是人的无机的身体。人靠自然界生活。这就是说，自然界是人为了不致死亡而必须与之处于持续不断的交互作用过程的、人的身体。所谓人的肉体生活和精神生活同自然界相联系,不外是说自然界同自身相联系,因为人是自然界的一部分。"①换言之,人是自然界的一部分,人的生存发展都离不开自然界的物质和能量供给,人与自然应是和谐共生的关系。如果伤害自然,造成无法修复的环境污染和破坏,最终将伤及人类自身。例如,空气、水、土壤、蓝天等自然资源用之不觉、失之难续。当今的环境问题与工业化有着密不可分的关系,因为工业化创造了前所未有的物质财富,也产生了难以弥补的生态创伤。我们要解决好工业文明带来的矛盾,以人与自然和谐相处为目标,实现世界的可持续发展和人的全面发展。建设生态文明关乎人类未来。《巴黎协定》是全球气候治理史上里程碑式的重要成果,不能让这一成果付之东流。在这方面,中国将继续作出自己的贡献。同时,发达国家也应当承担历史性责任,兑现减排承诺,并帮助发展中国家减缓和适应气候变化。国际社会应该携手同行,共谋全球生态文明建设之路,牢固树立尊重自然、顺应自然、保护自然的意识,坚持走绿色、低碳、循环、可持续发展之路。

二、构建人类命运共同体的四项承诺

习近平总书记2017年1月18日在联合国日内瓦总部提出共同构建人类命运共同体的倡议时,向世界庄严宣布了"四个不会改变",即中国维护世界和平的决心不会改变,中国促进共同发展的决心不会改变,中国打造伙伴关系的决心不会改变,中国支持多边主义的决心不会改变。"四个不会改变"是中国为构建人类命运共同体

---

① 《马克思恩格斯文集》(第一卷),人民出版社2009年版,第161页。

第五章 中国式现代化的目标任务

向世界的承诺。同时,习近平总书记强调,"构建人类命运共同体是一个美好的目标,也是一个需要一代又一代人接力跑才能实现的目标。中国愿同广大成员国、国际组织和机构一道,共同推进构建人类命运共同体的伟大进程。"①

首先,中国维护世界和平的决心不会改变。中华民族自古以来就是崇尚和平的民族,中华文明的五大特性之一就是和平性。中华优秀传统文化中蕴含的"以和为贵"等思想突出地体现了中华民族的和平主张。我国古代最著名的兵书《孙子兵法》开宗明义,告诫人们要慎战或不战:"兵者,国之大事,死生之地,存亡之道,不可不察也。"中华民族崇尚和平与我们的生产方式有着密切联系。中华民族的主体民族几千年来一直以农业耕作为主,另外也进行了农业耕作与游牧的融合发展,能够相对有效地抵御气候灾害带来的损失。因此,为了保护自身的财富和安全,我们的先民实施积极的防御策略,构筑坚固的城墙抵御外侮。经过漫长的文明积淀,崇尚和平已经融入中华民族的血脉中,刻进了中国人民的基因里。鸦片战争后的100多年,中华民族饱受外族侵略之苦,战乱和动乱给这个古老民族带来了前所未有的灾难。"己所不欲,勿施于人。"中国人民不会将自身的苦难加之于其他国家或民族。

我国一直是维护世界和平的中坚力量。中国式现代化是走和平发展道路的现代化。我们不走一些国家通过战争、殖民、掠夺等方式实现现代化的老路,那种损人利己、充满血腥罪恶的老路给广大

---

① 习近平:《论坚持推动构建人类命运共同体》,中央文献出版社2018年版,第426页。

发展中国家人民带来深重苦难。我们坚定站在历史正确的一边、站在人类文明进步的一边，高举和平、发展、合作、共赢旗帜，在坚定维护世界和平与发展中谋求自身发展，又以自身发展更好维护世界和平与发展。

其次，中国促进共同发展的决心不会改变。中国是经济全球化的获益方，也是经济全球化的坚定支持者，为全球发展作出了相应的贡献。中国将继续坚持对外开放的基本国策，坚定奉行互利共赢的开放战略，不断以中国新发展为世界提供和分享新机遇，推动建设开放型世界经济。中国将继续推进经济全球化发展，为世界各国共同发展营造更好的环境和平台。中国坚持推动贸易和投资自由化、便利化，推进双边、区域和多边合作，促进国际宏观经济政策协调，积极落实"一带一路"倡议，共同培育全球发展新动能。中国支持建设好亚洲基础设施投资银行等新型多边金融机构，为国际社会提供更多公共产品。中国坚决反对保护主义，反对"筑墙设垒""脱钩断链"，反对单边制裁、极限施压。

再次，中国打造伙伴关系的决心不会改变。联合国宪章贯穿主权平等原则，中国的外交政策与联合国宪章是一致的。中国坚持独立自主的和平外交政策，在和平共处五项原则基础上同所有国家发展友好合作。中国率先把建立伙伴关系确定为国家间交往的指导原则，同90多个国家和区域组织建立了不同形式的伙伴关系。当今世界正经历百年未有之大变局，世界经济陷入低迷期，经济全球化遭遇逆流，逆全球化思潮抬头，单边主义、保护主义明显上升。我们将积极建设覆盖全球的伙伴关系网络，推动构建"对话而不对抗，结伴而不结盟"的新型国际关系，继续坚持正确义利观，深化同发展中国家务实合作，实现同呼吸、共命运、齐发展，按照亲诚惠容理念同周边国家深化互利合作等。

最后，中国支持多边主义的决心不会改变。历史的经验表明，多边主义是维护和平、促进发展的有效路径，一切形式的单边主义是不得人心的，一切针对特定国家的阵营化和排他性小圈子都将被历史所抛弃。联合国等国际机构是维护多边主义的重要机构。长期以来，联合国等国际机构做了大量工作，为维护世界总体和平、持续发展的态势作出了有目共睹的贡献。中国一直以来都是支持多边主义的中流砥柱。中国将坚定维护以联合国为核心的国际体系、以国际法为基础的国际秩序、以联合国宪章宗旨和原则为基础的国际关系基本准则，坚定维护联合国权威和地位，坚定维护联合国在国际事务中的核心作用。随着中国持续发展，中国支持多边主义的力度也将越来越大。中国将继续推动世界贸易组织、亚太经合组织等多边机制更好发挥作用，扩大金砖国家、上海合作组织等合作机制影响力，增强新兴市场国家和发展中国家在全球事务中的代表性和发言权。中国坚持积极参与全球安全规则制定，加强国际安全合作，积极参与联合国维和行动，为维护世界和平和地区稳定发挥建设性作用。中国积极参与全球治理体系改革和建设，践行共商共建共享的全球治理观，坚持真正的多边主义，推进国际关系民主化，推动全球治理朝着更加公正合理的方向发展。